위기는 다시 온다

/

금융위기 이후 선진국은 왜 금융 규제를 강화하는가

이 도서의 국립중앙도서관 출판예정도서목록(CIP)은 서지정보유통지원시스템 홈페이지(http://seoji.nl.go.kr)와 국가자료공동목록시스템(http://www.nl.go.kr/kolisnet)에서 이용하실 수 있습니다.
CIP제어번호: CIP2016008583(양장), CIP2016008584(반양장)

조윤제 지음

위기는 다시 온다

금융위기 이후
선진국은 왜
금융 규제를 강화하는가

한울
아카데미

일러두기

_ 이 책은 2015년 한국금융연구원에서 발간한 「세계금융위기이후 금융부문에 대한 시각 및 금융감독규제의 변화」(KIF Working Paper 15-12)를 수정·보완한 것입니다.
_ 영어 약자로 표기된 기관 이름의 풀어쓴 영어 표기와 우리말 표기는 해당 명칭이 처음 등장하는 곳에 표기했으며, 책 뒷부분에 실린 '찾아보기'를 통해서도 확인하실 수 있습니다.

책을 내면서

2008년 9월 리먼브라더스가 무너지면서 세계 금융의 심장부 월스트리트에서 금융위기가 터졌다. 그리고 이는 곧 세계금융위기로 확대되어 세계경제를 충격과 마비로 몰아넣었다. 세계 총생산에 대한 통계가 작성되기 시작한 이래 최초로 2009년 세계경제가 마이너스 성장을 기록하게 되었다. 과거에는 지구의 한쪽에서 가뭄과 홍수가 나면 다른 한쪽에서는 풍년이 났다. 한쪽이 침체에 빠지면 다른 한쪽은 호황을 맞았다. 그러나 세계화가 진행되고 국제금융시장이 빠르게 통합되어 지구촌 경제에 동조화 현상이 깊어지면서 이런 현상이 생긴 것이다.

2008년 금융위기는 대공황 이래 세계가 겪은 최대의 금융위기로 기록되고 있다. 세계는 아직도 그 파장에서 벗어나지 못했다. 전대미문의 확장적 통화정책이 금융위기의 진원지인 미국과 영국에서 시작되었고, 이는 다시 유럽과 일본으로 파급되었으며, 지금도 세계는 일찍이 보지 못했던 초저금리 혹은 마이너스 금리 기조를 유지하고 있다. 이러한 대응으로 2008년 위기가 또 다른 공황으로 치닫는 것은 일단 막았지만, 유동성이 넘쳐나고 자금이 조금이라도 높은 수익을 찾아 국경과 금융권을 넘나들면서 자본이동과 금융시장의 불안정성은 더 높아지고 있다. 미국이 지난해 말 금리 인상을 시작했지만, 국가 간 통화전쟁과 더불어 금리의 정상화 과정은 매우 길어질 것으로 보이며, 그것이 앞으로 미국경제에, 나아가 세계경제에 어떤 파장을 가져오게 될지는 누구도 정확히 예측할 수 없다. 세계경제를 주도하는 이들 나라가 취해온 비전통적 통화정책이 정상화될 때까지 그리게 될 원(圓)은 이제 겨우 반도 채 그려지지 않았다. 지금 주요국들의 국민총생산액 대비 기업·가계·정부 부채의 비율은 대공황을 겪던 당시보다 높다. 이런 과다 부채를 안고 있는 나라들이 총수요 부족과 공급과잉, 과잉 설비시설로 지형이 굳어진 지금의 세계경제 환경에서 금리 정상화 과정을 또 다른 위기 없이 넘길 수 있을지에 대한 회의가 깊어지고 있다.

거시경제와 금융을 전공한 학자로서 생애에 이런 세기적 금융위기를 직접 눈으로 보고 경험하게 된 것을 행운이라고 해야 할까, 불운이라고 해야 할까? 2007년 영국에서 근무하면서 노던록 뱅크에 제2차 세계대전 이후 처음으로 뱅크런이 일어나 예금자들이 돈을 인출하기 위해 은행 앞에 장사진을 치는 광경을 보았다. 그때 이미 세계금융위기의 전조가 나타나기 시작했던 것이다. 그리고 이듬해 귀국해서 리먼브라더스가 파산하며 직원들이 노트북과 개인 사물들을 들고 빌딩 밖으로 쫓겨 나오는 것을 TV로 보며 지금 우리가 세계금융사의 중요한 전환점에 서 있음을 직감할 수 있었다.

대공황이 세계 정치와 경제의 지형, 경제정책 패러다임과 인류사회에 미친 영향을 되돌아보며 2008년 금융위기가 대중의 인식과 세계를 어떻게 바꾸어놓을지가 필자뿐 아니라 많은 사람의 관심 대상이 되었다. 자본주의와 시장경제가 다시 도마 위에 올랐고, 분노한 시민들이 월스트리트에 텐트를 치고 항의 시위를 벌이기도 했다. 필자는 주요 해외 언론들의 칼럼과 여러 국제 세미나에서 발표되는 논문, 경제학자들이 내놓는 논평과 책들을 주의 깊게 읽고 G20 정상회의 의제로 부각한 국제통화제도의 개혁 논의에 직접 참여하면서, 세계금융위기 이후 학계의 금융에 대한 인식 변화, 그리고 국제사회가 논의와 진통을 거듭하며 출산해내는 새로운 금융 규제·감독의 향방에 관해 정리해봐야겠다고 생각하게 되었다. 2008년 봄 서강대학교에 복귀해 다시 시작한 국제금융론과 금융제도론 강의는 이러한 자료를 수집하고 전달하는 유용한 창구가 되었다. 그 내용들을 나름대로 정리해 이번에 책으로 내게 된 것이다.

필자가 학계를 잠시 떠나 정부에서 일하던 2000년대 초·중반에 세계금융시장에서는 많은 변화가 일어나고 있었다. 금융시장은 혁신을 거듭하며 증권화, 부채담보부증권(CDO), 신용부도스와프(CDS) 등 과거 흔히 듣지 못한 상품들이 금융상품의 첨단을 이루며 시장을 주도하고 있었고, 대형 금융기관들은 해마다 최고의 수익을 기록하고 있었다. 주요 금융기관 CEO들이 받는 연봉과 보너스 액수는 귀를 의심케 할 정도였다. 이 시기에 나온 논문과 평론은 이러한 현상에 대해 대체로 긍정적 평가를 하고 있었다. 규제 완화와 신상품 출현으로 금융혁신이 빨라지고 위험 분산 능력과 시장의 효율성이 증진되었다는 것이다. 9·11 사태나 닷컴 거품 붕괴로 금융시장에 충격이 오면 곧 '그린스펀 풋'으로 통하는 금리 인하와 팽창적 유동성 공급으로 시장과 경제가 정상을 되찾으면서 이제는 거시경제정책으로 금융위기나 경기침체를 막을 수 있다는 자신감이 팽배하게 되었고, 이른바 '골디락스', '신경제'라는 말로 미국과 세계경제의 미래에 대한 낙관적 견해가 가득 차 있었다. 서브프라임 주택담보대출 확대, 증권화로 부채는 빠르게 늘고 자산가치 상승 효과에 의한 소비 증가로 미국 경제는 장기 호황을 누리고 있었다. 그러나 부동산 거품이 꺼지면서 그러한 희망적 견해는 거품이 되어버렸다. '경제황제'로 추앙받던 그린스펀 전 연준의장은 위기의 주범으로 추락했다.

지금 한국 경제는 어느 나라 못지않게 높은 부채더미 위에 앉아 있다. 2014년 말 총부채가 국내총생산의 286%로 한국보다 금융의 역사가 훨씬 오래된 선진국들 평균을 이미 넘었다. 정부 부채를 제외한 가계와 기업의 부채는 경제협력개발기구(OECD) 국가들 중 가장 높은 수준에 달해 있다. 반면 한국은 OECD 국가들 중 교환가능통화(convertible currency)를 갖지 못한 몇 안 되는 나라 중 하나다. 그만큼 외부 충격에 취약한 상태에 놓여 있는 것이다. 따라서 한국은 다른 어느 선진국 못지않게 금융 규제·감독에 신중함을 기하고 강력한 거시건전성 감독체제를 구축해야 한다. 그럼에도 세계금융위기 이후 전 세계적으로 진행되어온 금융 규제·감독 강화와 부채 감축(deleveraging)의 추세와는 달리, 국내에서는 단기적 경기 부양을 위해 빚을 늘리며 금융 규제를 완화해 금융의 삼성전자를 만들어야 한다는 주장과 정책이 주류를 이루어왔다.

세계적으로 진행되어온 금융 규제·감독 강화 방안은 지금도 진행형이다. 자본적정성 강화와 유동성 규제를 포함하는 바젤 III 도입은 2019년까지 점진적으로 시행될 예정이다. 대형 금융기관에 대한 규제 강화도 많은 진전을 보였다. 거시건전성 감독, 보수체계 개선, 파생상품 거래 투명화, 신용평가제도 개선 등도, 아직 뚜렷한 가시적 성과를 내고 있지는 못하지만, 많은 제도적 진전을 봐왔다. 반면에 국제통화제도 개혁은 IMF의 일부 개혁을 제외하면 거의 아무런 진전도 보이지 못하고 있다. 아직도 진행 중인 금융 규제·감독의 변화, 통화정책 기조의 변화를 정리한다는 것은 마치 움직이는 과녁을 쏘는 것과 같다. 정리를 했다 싶으면 또 다른 상황이 전개되어 준비한 원고가 낡은 논의가 되어버린다. 그리고 아직 그 효과가 검증되지 않은 새로운 규제들에 대해 평가해야 하는 위험도 따른다. 그렇지만 이러한 중요한 변화의 시점에 이들을 종합적으로 정리하고 평가해보는 것은 의미 있는 일이라 생각되어 아직 부족함이 많지만 이 책을 내게 되었다.

이 책을 준비하는 과정에서 홍보배, 김기창, 송지원, 이은정, 김지혜 조교와 신수진 양으로부터 자료 검색과 수집에 도움을 받았다. 특히 홍보배 양은 자료를 정리하는 과정에도 많은 도움을 주었다. 이들에게 고마움을 전한다. 한국금융연구원의 연구비 지원에도 감사를 드린다. 그리고 이 책을 선뜻 출간하기로 해주신 도서출판 한울의 김종수 사장님, 박행웅 고문님, 이 책의 편집을 맡아 처음부터 끝까지 세세한 확인, 점검, 교정을 통해 지금의 모양을 갖추도록 해주신 최규선 씨께 감사를 드린다. 이분들의 도움이 없었으면 이 책이 나오지 못했을 것이다. 물론 이 책의 내용과 주장, 남아 있는 부족함과 오류는 모두 필자의 책임임을 밝혀 둔다.

금융위기 이후 세계적으로 진행되어오고 있는 금융 규제·감독의 흐름을 정리·분석한 이 책이 한국의 금융 부문 안정성을 제고하고 향후 한국 경제가 세계경제의 불확실성을 헤쳐가며 안정적 성장 경로를 걸어가는 데 조금이라도 도움이 되기를 바란다.

2016년 3월
북아현동 우거에서
조윤제

차례

머리말

금융위기는 다시 온다. 언제 올지는 아무도 정확히 예측할 수 없다. 미래 자산가격에 대한 희망과 장밋빛 바람이 의심과 불안의 시선으로 변할 때 금융위기는 시작된다. 희망과 바람 속에 늘린 부채가 점점 무겁게 느껴지고 결국 그것에 짓눌려 사지를 자유롭게 놀릴 수 없게 되면 위기는 이미 깊어져 있는 것이다. 그것은 나비효과처럼 먼 나라에서 온 작은 충격에 의해 시작될 수도 있고, 국내에서 시작된 구조 변화나 금리 상승, 자금 순환의 위축에서도 시작될 수 있다. 그렇게 시작한 금융위기는 많은 사람의 삶을 망쳐놓고 국가경제의 진로를 바꿔놓기도 한다. 금융위기가 극복되더라도 개인과 가족의 삶은 영원히 회복되지 않는 상처로 남는 경우가 많다. 우리는 주위에서 1997년 외환위기 때 유학을 중단하거나 직장에서 쫓겨나 자영업을 시작했다가 실패해 가족이 해체되고 어린 삶이 좌절된 경우를 흔히 보기도 했다.

금융의 역사는 금융위기의 역사라고 해도 과언이 아니다. 금융산업의 역사는 길지 않지만, 개별 국가나 세계는 크고 작은 위기를 이미 수없이 거듭했다. 17세기에 금융업이 본격적으로 자리 잡기 시작한 이후로 미국과 영국에서는 거의 10년을 주기로 금융위기가 반복되었다. 위기는 늘 사람들의 탐욕과 희망 섞인 기대가 예상치 못한 정치적·경제적 기류의 변화를 만나 일어났다. 그러나 대개 사람들은 그런 작은 사건이 큰 위기로 발전하게 될지를 예측하지 못했다. 제2차 세계대전 이후에 금융위기를 겪지 않은 나라는 오스트리아, 네덜란드, 벨기에, 포르투갈 단 네 나라 정도다(Reinhart and Rogoff, 2011). 그러나 그들도 과거 산업화와 금융 발전 과정에서 튤립 버블 등 수많은 위기를 경험했다. 찰스 킨들버거(Kindleberger and Aliber, 2011)의 표현대로 "금융위기는 다년생 잡초처럼 질긴 것"이다. 아르헨티나는 2014년까지 여덟 번이나 국가 부도 사태를 맞았다.

금융의 최선진국이라는 영국과 미국에서 2007~2008년에 대형 금융위기가 터졌다. 아무도 예측하지 못한 일이었다. 영국과 미국은 지난 약 3~4세기 동안 수많은 위기를 겪으면서 금융에 대한 규제와 감독을 강화하고 이를 체계화해왔다. 그리고 거기서 발전된 금융체계, 즉 중앙은행과 최종대부자(lender of last resort) 기능, 예금 보호 및 정보 공개 의무 등 각종 건전성 규제·감독 수단이 다른 많은 나라에서도 정석처럼 도입되어 확산되어왔다. 세계금융의 심장부에서 터진 위기는 곧 세계금융위기로 발전되어 세계경제를 한순간에 공황 직전으로 몰아넣었다. 위기가 발생한 지 8년이 지난 지금도 세계경제는 아직 그 후유증에서 벗어나지 못하고 있다.

세계금융위기 이후 미국을 필두로 한 세계 주요 국가들은 제로금리와 양적완화 정책을 실시해왔다. 이 국가들의 중앙은행이 시장에서 채권을 대량으로 사들여 돈을 풀기 시작하면서 해당 중앙은행의 자산은 위기 이후 평균 약 세 배 이상 팽창했다. 영란은행과 미국 연방준비제도의 자산은 약 다섯 배가 늘어났다. 유동성 과잉, 부채 과잉에서 초래된 금융위기를 전대미문의 유동성 확대 정책으로 대응했다. 이것이 세계금융위기 이후 오늘날까지 주요국들이 위기에 대처해온 방식이다. 그렇게 함으로써, 위기에 놀라 위축된 시장심리가 경제를 공황에 빠뜨리는 것은 막았지만, 지금과 같은 유례없는 초저금리, 본원통화의 급속한 확대를 축으로 하는 이 '비전통적' 통화정책을 통해 과연 세계경제와 개별 국가경제가 탈 없이 정상화의 궤도로 돌아갈 수 있을지, 그리고 통화정책이 정상화되는 과정에서 세계경제가 앞으로 어떤 진통을 겪게 될지, 과연 출구정책이 제대로 시행될 수나 있을지 아직 아무도 정확히 예측할 수 없다. 미국 연방준비제도이사회(FRB)가 2015년 12월 막 금리 인상의 첫발을 떼기는 했지만, 이것이 향후 얼마나 빠르게 주요국들의 통화정책을 정상화하게 될지, 그 과정에서 국제금융시장과 신흥국 경제가 얼마나 큰 탈 없이 충격을 흡수할 수 있을지는 아직 두고 봐야 할 일이다.

그런 가운데 국제금융시장에서의 자본 흐름 변동성은 더욱 커지고 환율 불안 또한 더욱 높아지고 있다. 브레턴우즈체제와 같은 국제금융 질서를 통괄하던 시스템은 무너진 지 이미 오래고, 지금 각국은 서로 자국의 경쟁력 회복을 위해 통화·환율 정책을 구사해오고 있다. 가히 통화전쟁이라고 할 만한 현상이 세계금융위기 이후 진행되고 있는 것이다. 어찌 보면 양차 세계대전 사이에 세계경제가 겪었던 현상과 비슷한 현상이 일어나고 있다. 제1차 세계대전과 제2차 세계대전 사이에 세계경제는 대공황을 겪었고, 각국은 서로 자국 상품의 경쟁력을 강화하고자 환율을 경쟁적으로 절하하는 동시에 수입장벽을 높였다. 이를 '근린 궁핍화 정책(Beggar-thy-neighbor policy)'이라고 부른다. 그 결과 세계교역이 위축되고 세계경제가 장기간 침체를 겪었다. 이렇게 침체된 세계경제는 결국 제2차 세계대전에 따른 전비·재정 팽창으로 겨우 회복의 실마리를 찾았다.

제2차 세계대전 이후 세계는 브레턴우즈체제라는 새로운 국제금융 질서를 수립하고 오늘날 WTO(세계무역기구)로 이어진 GATT(관세와 무역에 관한 일반 협정)체제하에서 무역자유화를 추진해왔다. 이는 인류가 역사상 일찍이 없었던 세계경제의 고성장과 번영을 이루는 계기를 제공했다. 1950~2012년 세계경제의 연평균 성장률은 3.8%에 달했다. 이는 1913~1950년의 세계경제 성장률 1.8%의 두 배가 넘는 수치였다. 20세기 중반 이후 세계경제는 미국이라는 슈퍼 파워가 주도하는 질서 아래에 놓여 있었다. 그러나 21세기에 들어서면서 미국 경제의 상대적 퇴조와 중국 경제의 급부상, 유로화의 출현 등으로 세계경제는 다시 18세기부터 20세기 초반까지의 다극화 시대와 같은 양상을 띠게 되었으며, 국제금융시장의 변동성과 불안정성이 커졌다. 세계경제와 국제금융을 관할하는 뚜렷한 질서는 무너졌으며, 이러한 환경에서 각국이 각자도생의 길을 찾으면서 세계경제의 앞날에 대한 불확실성은 커지고 있다. 제로금리가 장기간 지속되면서 금융시장에서는 금융자산의 리스크에 대한 평가(가격 산정)가 왜곡되고 있으며, 이것이 또 다른 금융위기의 씨앗이 될 가능성이 커지고 있다.

금융산업은 위기를 반복하면서도 경제성장과 시민의 복지 증진에 크게 이바지하며 발전·성장해왔다. 기본적으로 금융은, 어떤 상품이나 서비스를 생산해 시장에 공급하려는 아이디어와 열정은 있지만 이에 필요한 자금을 가지고 있지 못한 사람들에게, 자금은 있으나 이 자금으로 무엇을 해야 할지에 대해 뚜렷한 생각을 하지 못한 사람을 연결시켜 자본이 생산적인 부분으로 흐르게 함으로써 경제를 발전시키고 소득을 증진시키는 역할을 한다. 17세기 이후 산업화는 금융의 뒷받침 없이는 일어날 수 없는 것이었다. 공장을 지을 대규모 자금은 증권시장이나 은행이 여러 소액 투자자나 저축자의 돈을 모아 동원한 것이었다. 가난하지만 재능 있는 아이가 좋은 교육을 받을 수 있는 것도, 많은 돈을 저축하지는 못했지만 젊은이가 결혼해 아이를 키울 수 있는 집을 마련할 수 있는 것도 바로 금융이 발전했기 때문이다.

그러나 이와 동시에 금융은 탐욕이 일어나고 자주 투기와 사기성 행위가 판치는 곳이기도 하다. 금융시장은 자본의 중개를 통해 새로운 가치와 편익을 창출하는 기능을 하기도 하지만, 동시에 도박판을 제공하기도 한다. 대체로 신규 자금을 대출하거나 채권 또는 주식을 발행하는 1차시장(primary market)은 전자의 기능이 강하지만, 이들을 유통하는 2차시장(secondary market)이나 이들을 기본 자산으로 하는 파생상품시장(derivative market) 거래 등은 후자의 기능이 강하다. 누군가 돈을 벌면 누군가 돈을 잃게 되는 것이다. 그리고 이런 것이 증폭되어 어느 순간 위기가 터지면 경제가 마비되고 많은 사람의 부와 복지가 희생된다. 이러한 위기를 겪으면서 국가와 시장은 공적 기관에 의한 규제·감독 또는 자율 규제 수단을 발전시켰다. 그러나 인간의 타고난 본성인 망각과 탐욕은 늘 또 다른 얼굴을 한 위기를 몰고 오곤 했다. 존 갤브레이스(John K. Galbraith)는 "금융의 세계만큼 역사의 교훈으로부터 가르침을 받지 못한 분야도 없다"라고 갈파한 바 있다(유재수, 2015).

한국은 여타 선진국과 비교했을 때 금융의 역사가 짧은 나라다. 최초의 은행이 구한말에 설립되었지만, 근대적인 금융체계가 이 땅에 제대로 도입된 것은 일제강점기 때였다. 일제강점기 말까지 한반도의 금융 부문은 비교적 빠른 발전을 이루었다. 그러나 조선인은 대부분 그러한 금융 발전의 혜택에서 소외되어 있었다. 당시 은행의 예금과 대출은 주로 한반도에 진출해 있던 일본인과 일본 기업의 돈으로 이루어진 것이었다. 한반도에 설립되었던 금융기관들도 대륙 침탈과 같은 일제의 목표를 달성하기 위한 도구로 활용되었다. 조선은행권이 만주, 몽골 등지에서 널리 통용되었다. 일제의 패망과 더불어 금융 부문도 한반도에서 크게 위축되었다. 정부 수립 이후 금융체계의 한국화가 시작되어 국내총생산(GDP) 대비 금융 부문의 크기가 일제강점기 말의 수준을 회복한 것은 1960년대 중반 이후였다. 해방 이후 우리 스스로 금융체계를 구축하고 발전시키는 데에 약 20년의 기간이 걸린 것이다. 이승만 정부는 적산(敵産)으로 국유화했던 금융기관들을 1950년대에 미국 원조기관의 압력을 받아 다시 일시적으로 민영화했으나, 군사정부가 들어선 1961년에 금융기관은 다시 국유화되었고, 1980년대까지 관치금융이 이루어졌다. 1980년대 이후 형식적인 민영화가 이루어지기는 했지만, 이러한 관치금융 관행은 1997년 외환위기를 맞기까지 사실상 지속되었다.

이 기간에 한국의 금융은 크고 작은 위기를 맞았으나, 정부의 직접적인 개입을 통해 위기가 전반적이며 대규모적인 금융체계 붕괴로 이어지지는 않았다. 1972년에는 8·3 조치(경제의 안정과 성장에 관한 대통령의 긴급명령 15호)를 발포해 헌법에 보장된 국민의 재산권을 침해하면서까지 위기를 넘겼다. 그러다가 결국 1997년에 이르러 정부가 관리·수습할 수 없는 외환 부문에서 시작된 위기를 맞고 금융체계가 전반적인 붕괴로 이어지자 한국 경제는 IMF 관리체제하에서 대규모 금융·기업 구조조정을 겪게 된다.

금융 부문은 흔히 신체의 혈맥에 비유되곤 한다. 피가 잘 돌면 신체가 건강하고 활기차게 되지만, 피가 잘 돌지 못하면 활기를 잃고 병이 생기며 심하면 죽음에까지 이르게 된다. 금융 부문이 경제에서 하는 역할도 이와 비슷하다고 여겨진다. 최근에 로런스 서머스(Lawrence Summers)는 금융 부문을 전력산업에 빗대 설명하기도 했다. 전력산업은 대개 국내총생산에서 약 3% 정도밖에 차지하지 않지만, 만약 전력이 공급되지 않으면 온 경제가 마비된다. 금융산업은 오늘날 대부분의 선진국에서 국내총생산의 약 7~8% 정도를 차지하며 이는 한국도 마찬가지이지만, 금융이 무너지면 국가경제는 하루아침에 무너지게 된다.

그러한 금융산업은 어느 산업보다도 정치적 영향을 많이 받으며 성장해왔다. 원래 중앙은행의 발달도 유럽의 왕들이 전쟁을 치르기 위해 금융가의 자본가들에게서 돈을 빌리기 위해 출발한 것이다. 영란은행도 17세기 말 국왕 윌리엄 3세가 프랑스와의 전쟁에 필요한 해군력을 증강하기 위한 돈을 조달하기 위해 설립한 것이다. 금융가는 전쟁으로 큰돈을 벌기도 하고, 때로는 전쟁을 부추기기도 했으며, 또한 패전으로 몰락하기도 했다. 왕이나 정부 실권자와 금융가 간의 결탁 또는 유착으로 새로운 은행이 설립되고 번성하기도 했으며, 때로는 권력과의 대립으로 은행이 쇠락의 길을 걷기도 했다. 금융은 권력의 보호와 상호 결탁으로 은행권(bank note)이라는, 한 사회에서 통용되는 지급결제 수단을 발행하고 통화를 창출하는 특권을 가진다. 국가의 면허 없이는 시작할 수 없는 것이 금융업이다. 따라서 금융 부문은 국가의 보호와 육성, 규제를 받으며 발전해왔다.

지금 세계적으로 금융 부문에 대한 규제·감독 정책이 큰 전환기에 놓여 있다. 반면에 한국의 금융 규제·감독 정책은 혼돈의 과정을 겪고 있다고 보인다. 한편으로 한국에서는 금융 부문의 경쟁력을 높이고 동북아 지역 금융의 센터로 도약하기 위해, 또한 창의적 기업에 대한 지원을 확대하기 위해 규제 완화와 혁신에 대한 요구 기류가 강하게 흐르고 있다. 정부에서는 이를 경제 활성화의 한 대책으로 추진하고 있기도 하다. 다른 한편으로 한국은 G20 회원국으로서 세계금융위기 이후 G20을 중심으로 전 세계적으로 진행되고 있는 금융 규제·감독 강화 논의에 참여해 오고 있기도 하다.

세계금융위기 이후 전 세계적으로 거시건전성 규제·감독(macro-prudential regulation)의 필요성이 꾸준히 거론되어 각국은 이와 관련한 정책 수단을 도입하거나 강화하고 있다. 그러나 한국은 이와 관련해 별다른 진전을 보이지 못하고 있다. 오히려 한국은 박근혜 정부 들어 LTV(주택담보대출비율), DTI(총부채상환비율)

같은 거시건전성 규제 수단을 완화했으며, 가계부채가 축소된 다른 나라들과 달리 지난 수년간 가계부채가 빠르게 증가해오고 있다. 금리도 역사상 가장 낮은 수준에 놓여 있다. 초저금리가 장기간 지속되면서 국민총생산액 대비 기업 부채의 비율도 어느 나라보다 높다. 이것이 앞으로 한국 경제의 진로에 어떤 영향을 미칠지 지금 속단할 수는 없으나, 어두운 그림자를 드리우고 있는 것만은 분명하다.

지난 1997년의 외환·금융 위기는 이후 한국 경제의 지평을 크게 바꾸어놓았다. 수많은 사람이 직장에서 쫓겨나 일자리를 잃었고, 소득격차도 빠르게 확대되었다. 자영업이 늘고 이들의 절반은 평균 3년 이상을 버티지 못하고 시장에서 퇴출되고 있다. 수많은 금융기관과 기업이 간판을 내리고 시장에서 사라졌다. 한편에서는 우리 국민의 희생 위에 세워진 많은 금융기관과 대기업이 외국인의 수중으로 싼값에 넘어갔다. 그러한 위기를 맞은 가장 큰 이유 중의 하나는 왜곡된 경제정책과 더불어 금융 규제·감독의 실패였다.

이런 상황에서 우리는 세계금융위기 이후 전 세계적으로 진행되고 있는 금융에 대한 규제 및 감독의 변화 추세와 금융산업에 대한 학계 및 정부 당국자들의 시각 변화를 파악하고 이를 현재 한국 금융 부문의 상황에 비추어, 그리고 향후 발전 방향과 관련해 음미해볼 필요가 있다. 이 책은 그러한 필요에 따라 집필되었다.

제1장에서는 금융 규제의 변천 과정을 간단히 되돌아보고, 제2장에서는 2008년 세계금융위기를 몰고 오게 된 배경을 1990

년대 이후의 거시경제 환경과 금융 부문의 변화에서 찾아본다. 제3장에서는 1980년대 이후 금융 부문에 대한 학계의 시각 변화를 다룬다. 제4장에서는 세계금융위기 이후 미국과 영국에서 진행되어온 금융 규제·감독 개편과 G20을 중심으로 이루어진 금융 규제 개혁 논의를 소개한다. 제5장에서는 이러한 논의들의 핵심 사항을 정리하고, 현재까지 진행된 상황을 요약한다. 끝으로 제6장에서는 앞서 논의한 내용을 바탕으로 금융 규제·감독 변화 추세를 분석·평가하고 한국의 금융 규제·감독 정책 방향에 대한 함의를 나름대로 정리한다.

1

제
1
장

금융 규제의 변천

세익스피어의 희극 〈베니스의 상인〉에 나오는 악역 샤일록은 월스트리트의 금융인들이 오늘날 자본주의의 총아로 등장하게 될 줄 몰랐을 것이다. 금융 부문의 역할에 대한 시각은 시대에 따라 변화해왔다. 그 결과 금융 부문에 대한 정책은 때로 방향을 크게 선회하기도 했다. 금융 부문은 원래 투기와 예측하지 못한 외부 충격에 취약한데, 이러한 취약성은 경제 전체의 시스템 리스크로 발전하기도 했고 안정적인 성장을 해치기도 했다. 지금 이 시대도 금융에 대한 시각과 정책의 큰 전환기에 놓여 있다고 생각된다. 1970년대 이후 규제 완화 추세에서 2008년 세계금융위기 이후 규제 강화 추세로 추의 방향이 다시 바뀌고 있다.

조지프 스티글리츠(Stiglitz, 2010)는 세계금융위기 이후에 발표한 글에서 이렇게 주장했다. "자본주의 200년 역사에서 제2차 세계대전 이후의 약 25~30년을 제외하고 금융위기는 거의 끊이지 않고 일어났다. 그리고 이 기간에(즉, 1970년대까지) 세계경제는 가장 빠르게, 그리고 성장의 과실이 가장 널리 공유되는 성장을 이룩했었다. 동시에 이 기간에 금융 부문에 대한 규제는 가장 강했다. 이것이 2008년 세계금융위기가 규제의 실패에서 온 것임을 반증하는 것이다." 2008년 세계금융위기, 그리고 그 결과로 전 세계가 아직도 장기 경제 침체와 금융시장 불안을 겪고 있는 원인을 1980년대 이후 금융 규제가 부적절한 방향으로 급속히 완화된 데서 찾는 시각은 스티글리츠 교수뿐만 아니라 이미 경제학계와 정책 담당자 사이에서 널리 공유되고 있다. 그리고 이러한 인식은 2009년 이후 G20을 중심으로 금융 규제·감독 개혁을 추진해온 배경이기도 하다.

금융시장은 실물시장과 근본적으로 다르다. 실물시장은 상품과 서비스를 사고파는 곳이다. 일부 상품은 애프터서비스를 받을 수 있기도 하지만, 거래는 대부분 그 순간의 현장거래로 끝난다. 예컨대, 시장에서 과일을 사거나 신발을 사면 그것으로 거래가 끝난다. 물론 외상거래나 할부거래가 있지만, 그것은 실물거래와 금융거래가 결합되어 이루어지는 경우다. 만약 제품이 만족스럽지 않거나 결함이 있으면 소비자는 제품을 바꾸거나 다음번에 구매하지 않는 것으로 대응한다. 그러나 금융시장은 그렇지 않다. 금융시장은 '약속을 사고파는 시장'이다. 그래서 우리는 돈을 빌려주는 대출(loan)을 신용(credit)을 준다고 표현하기도 한다.

오늘 금융거래를 하면 거래가 그 순간으로 끝나는 것이 아니다. 일정 기간이 지난 다음에 이자와 함께 되돌려 받거나 갚겠다는 '약속'을 거래하는 것이며, 반대 거래가 일어날 때까지 그 거래는 종결되지 않는다. 만약 이 기간에 예측하지 못한 상황이 발생해 거래 당사자 중 일방이 약속을 지킬 수 없게 되거나 처음에 거래할 때부터 약속을 지키지 않을 의도를 가지고 있었다면, 이 거래는 완결되지 않는다. 이를 '부도' 혹은 '채무불이행'이라고 일컫는다. 그리고 이것은 연쇄효과를 일으켜 시스템 위기로 발전하기도 한다. 이 사람에게 빌려준 돈을 받아서 다른 사람에게서 빌린 돈을 갚을 계획이었는데, 이 사람에게서 돈을 받지 못하면 다른 상대방에게 돈을 갚을 수가 없게 되는 것이다.

따라서 금융거래는 거래가 완결되기까지 일정 기간에 거래 당사자들에게 발생할 수 있는 일, 주위 경제 환경의 변화 등 불확실성에 늘 노출되며, 그 결과 거래의 약정이 지켜지지 않을 위험이 늘 따르게 된다. 이는 바로 인간의 삶 자체가 항상 불확실성 속에 놓여 있기 때문이다. 인간의 삶에서 죽음을 제외하고 확실한 것은 없다. 그리고 그 죽음이 찾아올 시점은 늘 불확실하다. 또한 금융시장에서는 거래 당사자들 간의 '비대칭적 정보'에서 유래하는 '도덕적 해이'와 '역선택'의 문제가 상품시장이나 노동시장에서보다 훨씬 심각한 폐해를 초래하기도 한다(Stiglitz, 1989). 신의 성실, 투명성, 정보 공개의 원칙이 제대로 지켜지지 않으면 유리그릇처럼 쉽게 깨질 수 있는 것이 금융이다.

이러한 문제 때문에 금융시장은 공공의 이익과 투자자·예금자를 보호하고 나아가 금융체계와 경제의 안정을 지키기 위해 상품이나 일반 서비스산업보다 훨씬 엄격히 규제되어왔다. 이러한 규제는 여러 가지 형태를 띤다. 자산(대출) 규제, 자본 규제, 유동성 규제, 인허가 규제, 가격(금리) 규제, 경영진 및 임원의 자격 적정성 심사, 정보 공개 의무, 공시제도, 내부자거래 규제, 예금자 보호제도 등이 여기에 포함된다. 여타 제조회사와 관련해서는 찾아볼 수 없는 규제들이다. 실물시장과 달리 금융시장에서는 이러한 규제와 감독이 당연시되고 이것이 엄격해야 금융 부문뿐만 아니라 국가경제, 나아가 국제경제의 안정성을 담보할 수 있다고 인식된다. 신발가게를 열 때 국가는 그 주인의 과거 행적을 조사하지 않는다. 그러나 작은 금융기관이라도 그곳의 주인이나 임원이 되고자 하는 사람에 대해 국가는 범죄 경력 등을 조회하고 품성과 인격이 훌륭한 사람인지 적격 심사를 하게 된다.

한편으로 금융도 산업이다. 이윤을 추구하며, 고용과 부가가치를 창출한다. 많은 나라에서 금융산업은 국민총생산의 5~8%를 차지한다. 금융과 관련된 부대 산업을 포함하면 국민총생산의 10%가 넘는 곳도 적지 않다. 그렇기 때문에 지나친 규제는 금융산업의 발전을 저해하고 나아가 경제 발전과 성장의 가능성을 제한할 수 있다. 또한 자율과 경쟁이 있어야 혁신이 일어나고 소비자에게 저렴한 서비스를 제공하게 된다. 바로 이러한 금융산업의 이중적인 측면 때문에 시대 상황에 따라 금융정책이 규제 강화와 완화를 오갔던 것이다.

금융산업이 돈을 다루는 산업이고 또한 규제산업이기 때문에 금융산업의 정치에 대한 로비는 어느 산업 못지않으며, 그 결과로 규제·감독 정책은 금융산업에 의해 포획되기 쉽다. 실제로

MIT의 사이먼 존슨(Simon Johnson) 같은 이는 2008년 미국에서 금융위기가 발생한 원인을 놓고 월스트리트 금융인들이 선거에 대규모 정치자금을 대면서 정부의 규제·감독 정책을 포획해 지나친 규제 완화로 몰아갔기 때문이라고 주장했다(Johnson, 2009).

제조업 및 일반 서비스업과 달리 금융산업의 역사는 그리 길지 않다. 대부업과 환전상의 기능은 예전 바빌로니아 시대부터 있었다고는 하지만, 오늘날의 은행업과 유사한 기능이 시작된 것은 17세기부터였다고 한다. 당시 원래 금세공 일을 하면서 귀금속 보관도 맡아서 해주던 금세공사가 귀금속 보관증을 고객에게 발행해 주었는데, 이것이 점차 시중에서 지불 수단으로 쓰이게 되었고, 금세공사는 여러 고객이 귀금속을 맡기고 찾아가면서 항상 어느 정도의 귀금속 재고를 보유하게 되자, 보관 중인 귀금속의 가액에 해당하는, 혹은 그 가액을 초과하는 증서를 발행해 대출해주고 이자를 받는 일을 시작했는데, 이것이 바로 훗날 은행산업으로 발전한 것이다.

금융이 주요 산업으로 자리 잡기 시작하면서 세계는 주기적으로 금융위기를 맞았다(Kindleberger and Aliber, 2011; Reinhart and Rogoff, 2011). 은행산업이 발전하면서 화폐 유통 속도가 빨라지고 신용창조가 일어남으로써 자산가격의 거품이 발생했다. 어느 시점이 지나, 혹은 어떤 계기로 이러한 자산가격 거품이 붕괴하면 이것이 부실채권 증가, 신용경색, 기업과 가계의 연쇄 부도, 실업 증가, 소비 위축으로 이어져 결국 전반적인 경제위기가 발생했다. 19세기 후반부터 20세기 초까지 서유럽과 미국에서는 거의 10년 단위로 크고 작은 은행위기가 발생해 경기 변동이 심화되고 경제 불안이 가중되었다(Reinhart and Rogoff, 2011). 유럽과 미국에서는 1873년, 1884년, 1893년, 1907년에 심각한 은행위기가 발생했다. 그리고 1929년 미국 월스트리트의 붕괴로 세계경제는 대공황의 깊은 늪에 빠졌다. 이처럼 금융위기가 거의 주기적으로 반복되고 이에 따라 깊고 긴 경기 침체의 늪을 경험하면서 각국 정부는 점차 금융에 대한 감독과 규제를 강화하기 시작했다.

경제력 집중을 경계해 중앙은행의 설립을 반대하던 미국도 1912년에 연방준비제도(Federal Reserve System)와 예금자보호제도[연방예금보험공사(Federal Deposit Insurance Corporation)]를 도입했다(쑹훙빙, 2008; 유재수, 2015). 이보다 앞서 영국에서는 17세기 말에, 프랑스와 독일에서는 19세기에 중앙은행이 설립되었다. 그러나 중앙은행이 유동성 위기에 놓인 은행에 대해 최종대부자 역할을 하고 본격적으로 일반 은행에 대한 감독자 역할을 하기 시작한 것은 19세기 후반에 들어서다.

금융 규제·감독이 대폭 강화된 것은 1930년대 대공황의 깊은 고통과 제2차 세계대전을 겪으면서다. 1930년대 이후 각국은 종전의 자유주의 시장 정책에서 탈피해 케인스식 적극적 재정·금융 정책을 통해 장기간의 경제 침체에서 벗어나려 했을 뿐 아니라, 금융 부문에 대한 정부의 감독과 규제를 강화해 안정적인 경제성장을 추구하게 되었다. 그리고 세계대전이 끝난 뒤 브레턴우즈체제라 불리는 새로운 국제통화 질서를 확립했다. 브레턴우즈체제는 미국의 달러화를 기축통화로 하는 고정환율제도에 근간을 둔 국제금융제도였다. 그리고 이를 뒷받침하기 위해 IMF(국제통화기금)을 설립했다. 이 새로운 국제금융 질서는 기축통화 발행국인 미국을 제외한 여타 모든 국가가 엄격한 외환 관리와 자본 규제를 통해 국제수지의 불균형 확대를 막고 고정환율을 유지하는 데 목적을 두었다(조윤제, 2010).

1930년대 말부터 시작된 이러한 각국 정부의 역할 및 시장에 대한 규제·감독의 강화는 이후 수십 년간 전 세계의 주된 경제 운용 기조로 자리를 잡았고, 경제학계에도 이 시기에는 케인시언 경제학이 주류를 이루었다. 무역 부문에서는 GATT를 중심으로 지속적인 관세 인하를 추진해 1950년대부터 꾸준히 무역장벽을 낮추고 자유화를 추진했으나, 이와 달리 금융 부문에서는 1970년대까지 엄격한 외환·자본 규제가 이어졌다.

그러나 경제학계에서는 밀턴 프리드먼(Milton Friedman), 프리드리히 폰 하이에크(Friedrich Von Hayek) 등 자유시장주의 경제철학을 신봉하는 경제학자들을 중심으로 이미 1950년대부터 자유변동환율제도로의 이행, 시장 자유화, 작은 정부, 금융 규제 완화, 자본시장 개방 등과 같은 정책 방향에 대한 주장이 강하게 제기되었다. 결국 1971년에 닉슨 대통령이 미 달러화에 대한 금태환 중지를 선언함으로써 브레턴우즈체제에 의한 고정환율제도가 무너지고, 이후 주요국들은 자유변동환율제도를 채택했다. 또한 영국과 미국 경제가 상대적 쇠락의 길로 접어들자 정치 주도권이 진보적 정권에서 보수적 정당으로 넘어갔고, 이른바 대처리즘, 레이거노믹스로 표현되는 시장 자유화, 나아가 '신자유주의적' 경제정책으로의 이행이 1970년대 말, 1980년대 초에 시작되었다. 이러한 정책 변화와 더불어 영국과 미국의 경제가 활력을 되찾고 경쟁력을 회복하면서, 시장 자율과 개방, 경쟁, 작은 정부가 서구 국가뿐만 아니라 전 세계의 주된 경제정책 방향으로 자리 잡았다. 1980년대 중반에 들어서면서 이러한 경제철학에 기초한 이른바 '워싱턴 합의(Washington Consensus)'라는 경제정책 패러다임이 미국 재무성과 워싱턴에 기반을 둔 주요 싱크탱크, IMF와 세계은행을 중심으로 형성되어 IMF, 세계은행, 미주개발은행(IDB) 등 국제기구에서 개도국과 신흥국에 차관을 제공할 때 이러한 정책 기조를 채택하도록 압력을 넣게 되었다. 이 워싱턴 합의에는 금융 자유화와 개방이 주요 내용으로 포함되었다.

더욱이 1980년대의 남미 외환위기, 1980년대 말과 1990년대 동구권 사회주의체제 붕괴와 동유럽·중앙아시아 국가들의 시장경제로의 전환, 1997년 아시아 외환위기를 거치면서 이러한 신자유주의적 경제 질서가 전 세계에 더욱 확산되었다. 냉전체제의 종식과 세계화의 급속한 진전은 신자유주의적 경제정책 패러다임을 더욱 확고하게 자리 잡게 했고, 이러한 흐름은 금융 부문에서도 시장 자유화, 상품 및 업무 규제 완화, 자본 흐름의 자유화, 국제금융시장 통합화를 촉진했다.

다시 정리하면, 18~19세기 영국과 미국에서 시작된 자유방임적 시장자본주의는 19세기 중반 이후 유럽과 일본에서 경제 운용의 기본 철학이 되었다. 그러나 양차 세계대전과 세계대공황을 거치면서 분배와 복지에 대한 정부의 역할, 그리고 공정 경쟁과 금융 안정을 위한 시장 규제가 대폭 강화된 이른바 수정자본주의로의 개편이 이루어졌다. 하지만 1970년대 이후 정부 역할의 확대와 규제가 가져온 부작용에 대한 인식이 확산되면서 자유주의적 경제정책에 대한 지지가 다시 강화되었고, 영국과 미국을 필두로 1980년대 이후 신자유주의적 경제정책이 세계 각국에 보편적 경제 운용 기조로 수용되었다.

세계화와 금융

20세기 후반의 세계화 물결을 가리켜 '제2의 세계화 물결'이라고 한다. '첫 세계화 물결'은 19세기 후반에 일어났다. 그때도 역시 '정보통신', '교통수단'의 혁신이 세계화 물결을 일으켰다. 미국에서는 1877년 코네티컷 주의 하트퍼드에, 영국에서는 1879년 런던에 최초의 전화교환국이 설립되었다. 철도와 대형 증기선의 발명으로 많은 사람이 국경과 대양을 가로질러 이동하기 시작했다. 또한 미국과 캐나다, 남미, 오스트레일리아 등의 철도, 제조업, 농업 플랜테이션 건설을 위해 유럽에서 채권 발행을 통한 대량의 자본이 이들 신대륙으로 흘러들어 갔다. 이 시대의 국제적 자본이동 규모는 세계총생산에서 차지하는 비중으로 볼 때 20세기 말보다 더 컸다고 한다(Summers, 1999). 자본과 인력의 국경 간 흐름의 상대적 규모를 놓고 보면, 19세기 후반의 첫 세계화 물결이 20세기 후반 제2의 세계화 물결보다 더 거셌던 것으로 볼 수 있다. 19세기 후반에 유럽 인구의 상당 부분이 신대륙과 식민지 국가로 이동했다. 현재 스코틀랜드인이나 아일랜드인은 본국에 살고 있는 인구보다 미국, 캐나다, 오스트레일리아, 뉴질랜드 등 과거 식민지나 신대륙에 살고 있는 인구가 훨씬 더 많다. 한국인이 북간도나 사할린, 하와이 등지로 이주하기 시작한 것도 이 시대의 일이다. 당시에는 여권이나 비자가 필요하지 않았다. 여권과 비자는 20세기에 세상이 만들어낸 발명품이다.

이러한 19세기 말, 20세기 초의 세계화 물결은 식민지 건설과 식민지 침략 및 쟁탈 전쟁으로 이어졌고, 식민지 확대는 결국 무역 확대를 가져왔다. 당시 초강대국이던 영국은 '해가 지지 않는 제국'으로 불리면서 세계 4대양에 식민지를 가지고 있었다. 대영제국을 중심으로 자본과 물자, 인력의 이동이 자유롭게 일어났다. 프랑스, 독일, 네덜란드 등 여타 유럽 국가도 다수의 식민지를 확보하면서 세계 교역 규모는 크게 확대되었다. 당시 각국은 자국통화를 금의 가치에 고정시킨 금본위제도를 채택하고 있었는데, 이로써 각국 환율은 자동적으로 각국 통화의 금에 대한 평가(par value)에 따라 결정되었다. 이는 실질적으로 고정환율제도로서, 안정적 환율을 유지하게 했다. 또한 금본위제도를 통해 국제수지 불균형이 자동적으로 조절되는 효과도 기대할 수 있었는데, 이른바 '금의 이동 장치(price-specie-flow mechanism)'를 통해서다. 다시 말해, 금본위제도하에서는 경상수지 불균형이 자국 내의 인플레이션 혹은 디플레이션으로 금의 가치를 변화시켜 금의 국제 간 이동을 불러일으키고 이를 통한 화폐 공급 조절을 통해 다시 자국 상품의 경쟁력이 강화되거나 약화됨으로써 국제수지 불균형이 조정된다는 것이다. 이 시대에는 명시적인, 혹은 어떤 규준에 의한 국제통화제도 없이 금이 국제통화로서의 역할을 하면서 국제금융 질서가 비교적 원활히 작동했다. 그리고 금과의 평가로 가치가 고정된 영국의 통화 '파운드스털링(pound sterling)'이 국제통화로서 자리를 잡았다.

그러나 이러한 첫 세계화 물결은 양차 세계대전을 거치면서 주춤해졌다. 이때 주요국들은 자국의 통화가치를 일정량의 금(1 온스)에 고정시킨 금본위제도에서 관리통화제도로 이행했다. 이는 금의 공급이 제한된 상황에서 전비 조달을 위해 다량의 통화를 발행할 수밖에 없었던 당시 유럽 주요국들의 상황이 반영된 것이었다. 금본위제도에서 벗어나면서 환율도 자동적으로 변화하게 되었는데, 세계 각국은 자국의 국제수지를 방어하고 수출 경쟁력을 높이고자 경쟁적 환율 절하 정책을 채택했다. 이로써 사실상의 보호주의적 환율·무역 정책을 중심으로 한 이른바 근린 궁핍화 정책이 횡행하게 된 것이다. 이러한 각국의 정책 채택에 따라 양차 세계대전 사이 세계의 교역과 자본·인력 이동은 크게 줄어들었고, 전 세계는 깊은 경제 침체, 그리고 대공황에 빠져들었다. 이는 지금의 세계경제 상황과 매우 유사하다.

1930년대에 케인시언 경제학이 출현했으며, 이후 미국에서는 뉴딜정책이 시행되고 제2차 세계대전이 발발하면서 전쟁 지원을 위한 막대한 재정지출로 제조업이 활황을 맞게 됨으로써 경제가 다시 회복되었다. 이로써 전후 세계는 새로운 국제통화, 국제무역, 국제금융 질서를 모색하게 되었다. 그 결과 이른바 '브레턴우즈체제'로 불리는 전후 국제경제체제가 출범한 것이다.

브레턴우즈체제하에서는 세 개의 국제기구를 설립하여 새로운 국제경제 질서를 모색했다. 첫째는 ITO(국제무역기구)로, 이를 중심으로 무역장벽 완화를 통한 무역 확대를 도모했으며, 둘째는 오늘날 세계은행이라 불리는 IBRD(국제부흥개발은행)로, 이를 통해 유럽 국가들의 전후 복구와 개발도상국들의 경제 발전을 지원하려 했다. 그리고 세 번째는 IMF(국제통화기금)를 중심으로 금환본위제도에 기반을 둔 고정환율제도를 운영했다. 이 중 ITO는 미 의회의 비준을 받지 못하면서 국제기구로 출범하는 데는 실패했고, 다시 GATT(관세와 무역에 관한 일반 협정)로 출발했으나, 사무국이 없는 일반 협정의 한계를 극복하기 위해 우루과이라운드를 통해 1995년 WTO(세계무역기구)로 재출범했다. GATT가 일반 상품 교역의 장벽을 낮추는 데 집중해왔던 것에 비해, WTO는 새로이 주요 국제 거래 대상으로 떠오른 서비스, 지적재산권, 농산물 등을 아울러 다루는 동시에, 교역에 관한 국가 간 분쟁이 생겼을 때 이를 효율적으로 해결하고자 무역분쟁 조정기구를 설치했다. 이로써 WTO는 국제교역의 규율을 관할하는 데 GATT보다 훨씬 더 포괄적이고 강력한 역할을 해오고 있다.

제2차 세계대전 이후 국제경제 질서는 관세장벽 완화를 통한 교역 확대와 고정환율제도를 통한 엄격한 외환 및 자본 규제로 특징지을 수 있다. 국제금융시장의 역할은 주로 실물 부문의 교역, 즉 경상거래를 뒷받침하는 것이었으며, 국제수지 불균형 보전은 주로 IMF의 대기성 차관(stand-by loan)이나 세계은행 및 지역개발은행 차관, 그리고 양자 원조(bilateral aid)나 상업 차관으로 조달되었다. 따라서 국제금융거래의 규모와 국제자본시장의 규모도 크지 않았다. 당시 경제학에서 다루는 환율 결정 이론도 '국제수지 접근법(balance of payment approach)'이 주를 이루었다. 국제수지 접근법이란 경상거래 불균형에 따라 환율의 절상 및 절하 압력을 받게 된다는 것이다. 오늘날 우리가 경제학 교과서에서 주로 배우는 환율 결정 이론인 '자산시장 접근법(asset market approach)'은 1970년대 이후 자본 규제 완화로 단순히 실물거래에 바탕을 둔 공적 차관이나 상업 차관, 직접 투자를 통한 국제 간 자본 흐름을 넘어 순수하게 금융자산의 수익률 차이에 따른 자본 흐름이 확대되고 이에 환율이 주로 영향을 받으면서 주류 환율 결정 이론으로 자리 잡았다.

1960년대를 기점으로 미국 상품의 대외 경쟁력 하락과 베트남전쟁 참전, 복지사회 건설을 위한 재정 적자의 증가로 미국의 경상수지 적자가 확대되고 유럽 국가들과 일본의 달러화 보유고가 크게 늘어 미국 이외에서의 달러 보유고가 미국의 금 보유량을 넘게 되자, 미국이 달러화의 금태환을 보장할 수 없을 것이라는 기대가 확산되어 달러화에 대한 투기가 일었고, 1971년 닉슨 대통령은 결국 미 달러화의 금태환 중지를 선언했다. 이에 따라 미 달러화를 기축통화로 한 고정환율제도를 근간으로 유지되던 브레턴우즈체제는 무너지게 되었다. 브레턴우즈체제 몰락 이후 주요 선진국들은 변동환율제도로 이행하면서 환율 변동의 국제수지 조정 기능에 의해 대외 불균형에 대한 두려움이 줄어들었고 자본·외환 규제를 서서히 완화해갔다.

한편 대공황의 경험으로 미국과 유럽 각국에서는 1930년대 이후 금융 부문에 대한 국가의 규제가 크게 강화되었다가 자본 규제 완화와 더불어 1970년대 이후 다시 서서히 완화되기 시작했다. 이러한 규제 완화의 배경에는 여러 이유가 있으나, 무엇보다 핵심은 새로운 금융 기법이 발달하면서 정부 규제의 실효성이 점점 약화되고 규제에 따른 왜곡 현상이 심화되었다는 점이다. 예를 들어, 은행 간 지나친 금리 경쟁이 은행의 부실과 시스템 위기를 초래할 수 있다는 판단에서 예금금리의 상한을 두는 규제(Regulation Q)를 미국에서 실시하는 동안 유럽에서 역외금융이 확대되었으며, 유럽의 금리가 오르자 1960년대부터 미국 은행들이 유럽에 지점을 개설하고 이를 통해 미국인의 예금을 수취하여 자국 내 금리 규제를 회피하기 시작했다. 미국의 규제 당국은 이러한 규제 회피로 국내 예금의 해외 유출이 증가하자 1963년부터 내국인의 해외 예금의 금리소득에 세금(이자평형세)을 부과해 국내외 예금의 실질적 금리수입을 같게 하고자 했다. 그러나 이는 한번 미국을 빠져나간 예금이 되돌아오지 않고 해외에 계속 남아 있는 결과를 초래했다. 또한 1970년대 후반 세계적으로 인플레가 발생하자 금리 규제를 받고 있던 예금은행으로부터, 규제를 받지 않는 유사한 상품을 내놓은 투자은행 및 자본시장으로 자금이 빠르게 이동했고, 이 때문에 예금은행들은 자금 이탈(탈중개화) 에 따른 유동성 위기를 겪게 되었다. 특히 단기예금을 수취해 장기주택금융(모기지론)을 대부하던 저축대부조합회사(S&L)가 큰 타격을 입었는데, 지역경제가 위축되어 부동산 가격이 하락하자 여러 주에서 저축대부조합회사들의 파산이 확산되었고, 1980년대 초에 이르러 미국은 심각한 금융위기를 맞았다.

1970년대 세계금융시장에서 빼놓을 수 없는 또 하나의 중요한 변화는 유러달러시장(Eurodollar Market)[1]의 확대였다. 제4차 중동전쟁이 일어난 1973년에 OPEC(석유수출국기구)에서 유가를 대

1 여기서 'Euro'는 현재로서는 유럽이라는 지역적 개념과 직접적인 상관이 없다. 도쿄, 홍콩, 싱가포르에 예치되는 달러화 예금도 유러달러라고 부른다. 미국에 예치되는 일본의 엔화는 유러엔이라고 부른다.

폭 인상하면서 제1차 오일쇼크가 일어났고, 다시 1979년에 제2차 오일쇼크가 일어났다. 두 차례에 걸친 오일쇼크로 중동 산유국들은 국제수지 흑자가 크게 늘어난 반면, 석유 수입국들은 국제수지가 크게 악화되었다. 이때 산유국들은 석유 수출을 통해 유입된 달러화(페트로달러)를 해외 은행에 예치했다. 그런데 당시 중동전쟁 등으로 미국을 불신하던 중동 산유국들은 미국 은행에 예치한 예금이 정치적 이유로 인출이 동결될 것을 우려해 주로 유럽의 은행에 달러를 예치했다. 이처럼 달러화가 미국이 아닌 제3국의 금융기관에 예치되고 거래되는 것을 유러달러시장이라고 한다. 1970년대에 두 차례에 걸쳐 발생한 오일쇼크와 더불어 유러달러시장은 급속히 신장하기 시작했다. 한국도 당시 중화학공업 건설을 추진하면서 유러달러시장에서 많은 차입을 했다. 미국, 독일, 일본 등에서 차관을 얻기가 쉽지 않았고, 또한 세계은행과 아시아개발은행(ADB) 등이 당시 한국의 발전단계로 볼 때 여전히 경공업에 비교우위가 있으며 중화학공업 건설은 자원 배분을 왜곡시키는 길이라고 주장하면서 지원을 거부했기 때문이다. 이때 마침 급속히 확대되고 있던 유러달러시장에서는 리스크를 고려한 적절한 금리만 지불하면 특별한 정책 조건 없이 차입할 수 있었기에 한국은 1970년대 후반 유러달러시장의 주요 차입자가 되었다.[2] 아마 1970년대 유러달러시장의 급격한 확대가

2 1970년대 말 세계적 경기 침체로 당시 유러달러시장에서 차입을 많이 했던 개발도상국들, 멕시코, 아르헨티나, 칠레, 폴란드, 필리핀은 모두 지급불능 상태에 빠져 1980년대 초반에 이른바 외채위기(international debt crisis)를 맞았다. 한국도 달러화 조달이 어려워져 심각한 외환위기의 직

없었다면 당시 한국의 중화학 공업 추진도 불가능했을 것이다.

유러달러시장은 국내의 금융 규제를 받지 않는 역외금융시장이었다. 영국 런던과 독일의 프랑크푸르트를 중심으로 이 역외금융시장이 확대되면서 유럽에서는 국내금융과 역외금융 간의 재정거래가 확대되고 국내 금융기관들이 자신들의 경쟁력 제한에 대한 불만들이 커지면서 서서히 금융 규제가 완화되기 시작했다. 다시 말해 1930년대부터 크게 강화된 금융 규제는 먼저 외환관리를 중심으로 1970년대 중·후반 들어 서서히 완화되기 시작하다가 고정환율제도의 붕괴와 국제금융시장의 확대에 따라 1980년에 들자 전반적인 금융 규제 완화로 확대되었다.

1980년대 이후 금융 자유화의 확대

1980년대 미국과 유럽에서 금융 규제 완화가 확대된 배경에는 여러 가지 요인이 있었다. 첫째로, 앞서 언급한 바와 같이 미국의 레이건 대통령과 영국의 대처 수상의 보수적 정부에서 추진한 전반적인 규제 완화와 이른바 '신자유주의'라고 불리는 시장 중심 경제철학을 들 수 있다. 이는 전후 약 30~40년간 시행된 '큰 정부', '복지 확대'로 시장의 기능이 위축되고, 강력한 노조로 경제가 자주 마비되면서 경제성장이 전반적으로 정체되었던 미국과

전 상황까지 놓여 당시 전두환 정부가 막 들어선 상황에서 해외로 급전을 구하러 다녔다(정인용, 2002).

영국에서 새로운 정책 방향을 모색한 결과였다고 볼 수 있다. 시장에서 정부의 규제를 줄이고 자유경쟁을 촉진하려는 이러한 보수적 경제철학의 적용은 금융 부문에서도 예외가 아니었다. 미국에서는 상업은행의 지역적·업무적 영업 제한이 서서히 풀리기 시작했고, 영국에서는 이른바 '빅뱅(Big Bang)'(1985)이라 불리는 금융 자유화 조치가 취해졌다. 둘째로, 전 세계적 차원에서 보면, 전후 일본 경제의 경쟁력 강화, 중국의 개방, 아시아 신흥국들의 부상으로 미국과 유럽 경제의 제조업 경쟁력이 상대적으로 위협받으면서 전반적인 경제의 효율과 생산성 제고를 위한 혁신이 필요한 상황이었다는 점을 들 수 있다. 셋째로, 고령화의 진전과 연기금 규모의 확대를 들 수 있다. 당시 서구는 이미 고령화가 진행되면서 1980년대 들어 연기금을 비롯해 금융자산이 전반적으로 크게 증가했는데, 고령자들이 이러한 금융자산을 통해 고수익을 추구하려 함에 따라 선진국보다 자본수익률이 높은 신흥경제국들의 자본시장 개방에 대한 압력이 크게 늘어나기 시작했다.

1990년대에는 선진국뿐 아니라 신흥국들을 포함해 전 세계적으로 금융 규제 완화, 자본시장 개방의 폭이 크게 확대되기 시작했다. 이른바 '워싱턴 합의'와 미·영을 중심으로 한 신자유주의적 정책이 어느 정도 성공을 거두자 이것이 세계 각국에서 보편적 정책 방향으로 자리 잡기 시작했다. 프랜시스 후쿠야마(Francis Fukuyama)는 『역사의 종말(The End of History and The Last Man)』(1992)에서, 자유민주주의와 시장경제는 인류가 오랜 사회문화적 진화를 통해 이룩한 최적의 시스템이므로 정치·경제 체제가 여기서 더 진화할 일은 없을 것이라고 단언했다. 이 책이 1990년대에 베스트셀러가 되었던 사실에서 볼 수 있듯이, 1990년대는 세계화와 더불어 자유경쟁을 중시하는 영미식 시장경제제도가 세계의 보편적 경제정책과 제도로 확산되고 자리 잡기 시작한 시대였다. 1980년대 말, 1990년대 초 구소련과 동구권 사회주의체제가 무너지고 전 세계가 시장경제체제로 통합되면서 세계화 물결은 더욱 거세지고 개방과 경쟁에 바탕을 둔 자유시장경제의 승리는 이를 세계 보편적 가치로 자리 잡아가게 했다. 1990년대 들어 금융 규제 완화도 더욱 확대되었다. 상업은행과 투자은행의 업무를 엄격히 구분한 '글래스-스티걸법(Glass-Steagall Act)'을 1999년에 폐지하고 '그램-리치-블라일리법(Gramm-Leach-Bliley Act)'을 제정해 은행지주회사에 의한 겸업을 허용함으로써 미국에서도 투자은행과 상업은행 간의 업무 영역 차이가 줄어들기 시작했다.

1990년대 이후, 그리고 세계금융위기

2

제 2 장

1990년대 세계경제는 일찍이 경험해보지 못한 여러 현상을 경험하게 된다. 무엇보다 기존 경기 사이클의 패턴에 변화가 일어났다. 미국을 비롯한 선진국을 중심으로 경기의 변동성이 크게 완화되었고, 인플레이션이 낮은 수준에서 전례 없이 오랜 기간 경기 호황을 누리기도 했다. 몇 차례 금융시장에서 교란이 발생했으나 폭락했던 주가는 곧 이전 수준으로 회복되었고, 우려했던 경기 침체는 오래가지 않았다. 이를 통해 시장의 복원력에 대해 자신감을 가지게 되었고, '대안정기(Great Moderation)'라는 용어가 등장하기도 했다. 이른바 '그린스펀 풋'으로 경기가 꺼지면 곧바로 금리를 내려 경기를 받쳐주던 앨런 그린스펀(Alan Greenspan) 미 연방준비제도이사회(FRB) 의장은 금융시장에서 '경제황제(Economic Zar)'라는 칭호를 받기도 했다. 경제학계와 금융정책 당국은 거시경제의 안정적 운용에 대해 자신감을 갖게 되었다. 경기의 연착륙을 거시경제정책으로 조절할 수 있다는 믿음을 가지게 된 것이다. 그러나 지금 되돌아보면 이는 착각에 불과한 것이었다.

1990년대 이후 세계경제구조의 변화

돌이켜보건대, 세계경제에 이러한 변화가 일어난 데에는 다음과 같은 여러 가지 배경이 작용했다고 볼 수 있다.

첫째로, 중국 경제의 개방과 세계경제로의 급속한 편입을 들 수 있다. 중국은 1970년대 말 덩샤오핑의 지도력하에서 경제개혁과 개방을 시작했다. 그러나 약 30년간 공산주의체제하에서 굳어진 경제체제와 근로문화가 새로운 경제의 유인체계에 반응해 경제가 본격적으로 도약하기 시작한 것은 1990년대부터였다. 이 시기에 중국의 값싼 제품들이 세계시장에 쏟아지기 시작했고, 수입장벽이 거의 없는 선진국들의 슈퍼나 백화점에 중국의 저렴한 제품이 넘쳐나기 시작했다. 그 결과 고도의 선진 기술이 필요하지 않은 일반 제품이나 농산물의 가격은 전 세계적으로 안정되었고, 이에 따라 선진국의 비숙련 노동자의 임금은 거의 상승하지 않았다. 다시 말해, 중국이 세계의 제조공장화하면서 전 세계에 저물가를 수출하기 시작했고, 선진국에서는 지속된 저금리정책에도 불구하고 물가와 임금 수준의 안정을 달성할 수 있었던 것이다.

이보다 앞선 1960년대에도 일본의 제조업 성공으로 일본 제품이 미국과 유럽을 휩쓸기 시작했고, 1970년대부터는 아시아 신흥국의 제품들이 선진 시장을 침투하기 시작했다. 그러나 이는 전체 제품의 물량이나 규모 면에서 중국의 부상과는 비교가 되지 않는 것이었다. 중국은 세계 인구의 5분의 1을 넘는 인구를 가진 대국으로, 미국과 유럽의 전 인구를 합친 것보다 두 배에 가까운 인구를 가진 나라다. 19세기 이후 침체되어 있던 중국 경제가 급성장하면서 자유시장경제에 급속히 통합되기 시작한 1990년대에 세계경제는 일찍이 경험해보지 못한 엄청난 구조적 변화의 충격을 마주하게 된 것이었는데, 당시로서는 대부분 이 충격이 세계경제에 미칠 영향을 충분히 인식하지 못했다. 필자가 보기에 이는 지금도 마찬가지인 듯하다.

둘째로, 구소련과 동구권 사회주의체제의 붕괴와 냉전체제의 종식을 들 수 있다. 제2차 세계대전 후 세계경제는 두 블록으로 나뉘어 있었다. 자본주의 시장경제체제와 공산주의 경제체제가 그것이다. 전자는 브레턴우즈체제 및 GATT체제를 중심으로 운용되고 있었고, 후자는 COMECON 혹은 CMEA라 불린 공산권 교역체제에 따라 운용되고 있었다. 전자는 미국의 달러화를 기축통화로 사용하는 국제통화제도에 의해, 후자는 사후 청산제도라는 일종의 물물교환제도(바터무역 또는 구상무역)에 의해 국제교역이 이루어지는 체제였다. 이 CMEA체제에 속한 국가들의 인구도 서유럽 전체 인구와 규모가 비슷했다. 이 국가들은 1950년대와 1960년대에 사회주의 계획경제체제하에서 자본주의 시장경제의 경제성장 속도를 능가하는 고속성장을 보여주기도 했다. 구소련의 니키타 흐루쇼프 총리가 유엔 연설에서 "소련이 곧 미국 경제를 추월할 것"이라고 호언한 것이 1960년대 초였다. 그러나 이 국가들은 1970년대 이후 생산성 정체와 가격구조 왜곡으로 시장경제와의 경쟁에서 밀리기 시작했다(Krugman, 1994). 1990년대 들어 이 국가들은 사회주의체제를 포기하고 시장경제로 이행하면서 IMF가 주축이 된 신자유주의적 경제개혁을 실시했으며, 10여 년에 걸친 체제 전환의 홍역을 겪는 동안 환율이 대폭 절하되고 실질임금과 국민소득이 큰 폭으로 떨어졌다. 그러나 1990년대 말부터 이 국가들에서 경제의 구조 전환이 정착되기 시작하자 제조업이 다시 활성화되고 값싼 제품을 서유럽과 미국에 수출하기 시작했다. 그 결과 중국의 세계시장 편입과 더불어 공산주의 체제하에 있던 동구권과 러시아, 중앙아시아 국가의 시장경제 편입은 세계경제 구조 변화의 또 다른 큰 축을 이루게 되었다.

셋째로, 중국과 마찬가지로 거대한 인구를 지닌 국가인 인도가 1991년부터 개방으로 경제정책 방향을 선회한 것을 들 수 있다. 인도는 오랫동안 영국 식민지로 있다가 1948년에 독립을 이루면서 사회주의적 경제체제하에서 자급자족과 수입 대체 정책을 추진해왔다. 간디가 물레를 돌리며 스스로 옷감을 짜는 모습은 우리에게 익숙한 장면이다. 영국으로부터의 수입을 거부하고 서방 세계에 종속되지 않는 것이 독립을 확보하는 길이라는 당시 그들의 믿음을 대변하는 장면이기도 하다. 이러한 믿음은 오랫동안 스페인의 식민지를 경험하고 미국 경제에 대한 종속을 두려워한 남미 국가들의 과거 경제정책에서도 나타난다. 그러나 인도는 폐쇄적인 경제 발전 전략하에서 성장이 지체되고 일본, 한국, 중국을 비롯한 동아시아 국가들이 대외 지향적 경제 발전 정책으로 성공을 거두는 것을 보면서, 그리고 여러 차례 국제수지 적자의 심화와 외환 부족으로 경제적 어려움을 겪으면서 결국 IMF와 세계은행의 정책 권고를 받아들여 1991년 이후 경제 개방으로 방향을 틀었다. 특히 여기에는 중국 경제의 급부상이 큰 자극이 되었다.[1] 이후 세계 인구의 약 5분의 1에 달하는 인도는 빠른 경제성장을 경험하면서 실물시장뿐 아니라 자본시장의 개방도 확대해 자유시장경제체제에 본격적으로 편입되었다.

다시 말해, 1990년대 들어 세계경제는 일찍이 경험해보지 못한 구조적 변혁을 겪었다. 당시 중국과 인도, 소련과 동유럽 국가들은 전체 인구로 보면 전 세계 인구의 절반에 다소 못 미쳤지만, 이들 국가는 서방 세계보다 훨씬 젊은 인구구조를 가지고 있었기 때문에, 생산 활동 가능 인구는 이들 국가가 전 세계의 절반 이상을 차지하고 있었다(그림 2-1 참조).

세계 노동인구의 절반 이상이 체제적 차이 때문에, 혹은 식민지 시대의 경험에 따른 역사적 이유로 자본주의 시장경제체제

1 필자는 IMF와 세계은행에서 근무하는 동안 파키스탄과 인도 경제 개혁에 참여한 적이 있다. 1980년대에만 해도 세계은행이나 IMF에서 인도에 개방정책을 촉구하면 인도의 고위 관리들은 대외 지향적 경제정책으로 성공한 한국, 대만, 싱가포르 등의 예를 들면서 그러한 작은 나라와 규모가 다른 인도에 같은 정책을 적용하기란 어렵다고 거부했다. 그러나 이후 중국이 대외 개방정책으로 성공하자, 인도로서도 개방정책을 거부할 명분을 잃었고, 인도의 일부 학자와 관료를 중심으로 개방을 추진해야 한다는 목소리가 커졌다. 당시 재무장관이던 마모한 싱(후에 총리)은 옥스퍼드 대학을 나온 경제학 교수 출신으로, 결국 1991년 IMF가 권고한 개방정책을 수용했다.

그림 2-1

전 세계 노동인구 규모(2000년)

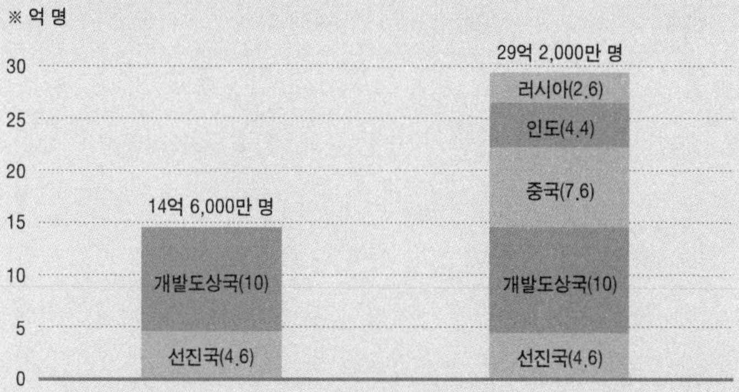

자료: Richard Freeman, "The Great Doubling: The Challenge of the New Global Labor Market"(2006). 윤희숙(2014)에서 재인용.

로부터 고립되어 있다가 본격적으로 시장경제체제에 편입되는 대변혁기에 접어든 것이다. 돌이켜보건대, 이러한 구조적 대변화를 겪게 된 상황에서 경제 지표들의 움직임을 놓고 정책 당국자나 경제학자들이 여전히 기존의 거시경제학적 해석을 하는 것은 적절치 않은 것이었다. 당시 미국의 여러 경제학자와 정책 담당자는 '대안정기' 또는 '골디락스 경제(Goldilocks Economy)'라고 표현되는, 차게 식지도 않고 과열되지도 않으며 저금리와 동시에 물가 안정 속에 지속적 성장을 이어가는 경제 운용을 계속해나갈 수 있다고 믿었다. 이러한 환경 속에서 전 세계적으로 금융자산이 지속적으로, 빠르게 증가했으며, 이것이 주식시장과 주택담보대출시장으로 흘러가 국내의 자산가격을 높이고, 결국 주식과 주택을 가진 중산층 시민들의 부(wealth)의 수준을 증가시켰으며,

더욱 많은 부채, 더욱 많은 소비가 가능해짐으로써 지속적인 경제 호황을 누릴 수 있었다.

또한 선진국이 신흥국들에 자본시장 개방 압력을 가하고 신흥국들이 이를 수용함으로써, 그때까지 저평가되었던 신흥국 주식시장과 채권, 여타 실물자산 같은 잠재적 고수익 투자처로 많은 자금이 유입되었다. 미국, 유럽, 일본 등 선진국의 저금리정책이 지속되면서 선진국 자금의 신흥국 유입이 가속화되고 신흥국에 대해 환율 절상 압력이 가해지자 결국 신흥국도 저금리정책을 도입할 수밖에 없는, 전 세계적으로 저금리정책이 확산되는 현상이 벌어졌다. 다시 말해 미국 등 선진국의 저금리정책이 전 세계적으로 저금리정책의 동조화를 가져온 것이었다. 신흥시장국(emerging market economies)에서는 저금리정책을 시행하는 와중에도 해외자금이 계속 유입되고 국내경제의 자산가격이 올라가며 투자와 소비가 증가해 경제가 활성화되었으나, 한편으로는 해외자금 유입 확대에 따른 자산가치의 거품 발생 등 경제의 변동성 역시 확대되었다. 이러한 과정에서 외채에 크게 의존해온 멕시코가 1995년에 외환위기를 맞고, 이어 한국을 비롯해 아시아 신흥국들이 1997년에 심각한 외환위기와 경제위기를 맞았던 것이다.

금융시장 환경 변화: 규제 완화, 금융상품 혁신과 연계성 강화

원래 IMF 협약(Articles of Agreement) 제8조(Article Ⅷ)에서는 경상수지거래와 관련해 회원국들이 외환거래에 제한을 가하지 못하도록 규정하고 있다. 이는 전후에 무역장벽을 낮추고 국제무역을 활성화해 세계경제의 성장을 견인한다는 브레턴우즈체제의 목적과 부합하는 것이다. 물론 IMF는 개도국에 대해서는 해외여행을 비롯한 경상거래와 관련해 국제수지 방어를 위한 외환 규제를 가하는 것을 용인하기도 한다. 한국은 과거 계속해서 경상수지 적자에 시달리다가 1980년대 중반 이후 3저 현상에 힘입어 큰 폭의 경상수지 흑자를 달성함에 따라 1989년에 경상거래에 대한 외환 규제를 없앰으로써 이른바 'IMF 8조국'이 되었다. 그런데 IMF의 어떤 협약에도 회원국들이 자본거래에 규제를 두어서는 안 된다는 조항은 없었다. 하지만 1990년대에 들어 IMF는 많은 논란에도 불구하고 자본거래에 대한 규제를 철폐하기를 회원국에 강력히 권고하기 시작했다. 이는 주로 미국 정부와 선진국의 압력에 의한 것이었다. 특히 당시에 미국 정부는 저금리 기조하에서 높은 수익률을 추구하고자 신흥국에 대한 투자를 늘리려는 각종 연기금이나 헤지펀드 투자자들로부터 강력한 로비를 받고 있었다.

1990년대 당시 미국의 클린턴 행정부에서 재무장관을 지낸 로버트 루빈(Robert Rubin)은 골드만삭스 CEO 출신이다. 그리고 그보다 앞서 1980년대 레이건 행정부에서 백악관 비서실장과 재무장관을 지낸 도널드 리건(Donald Regan)은 메릴린치 CEO 출신이다. 2008년 세계금융위기가 발발했을 당시 부시 행정부의 재무장관이었던 헨리 폴슨(Henry Paulson) 또한 골드만삭스 CEO 출신이다. 이들은 모두 대통령 선거 과정에서 금융계의 정치헌금을 동원하는 데 중요한 역할을 하기도 했다. 그리고 이들은 선거 후

그림 2-2
1인당 가계 금융자산 변화

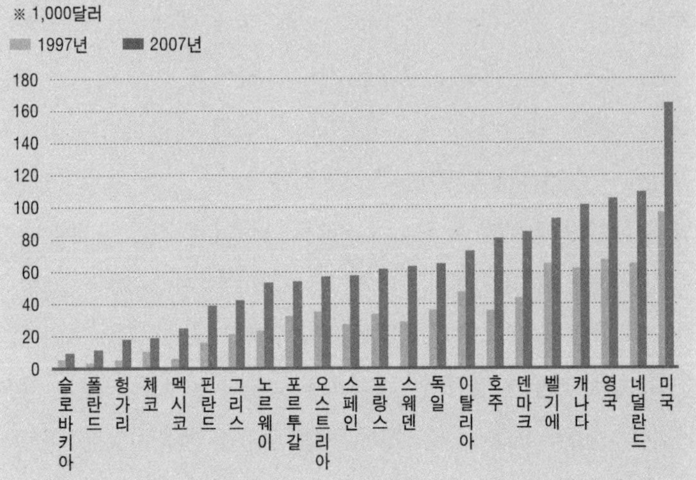

자료: OECD(2009).

재무장관으로 발탁된 이후 금융계의 이익을 높이기 위한 정책 방향을 수립하고 대폭적인 금융 규제 완화를 실시했다.

2008년 세계금융위기의 배경에는 1980~1990년대의 전반적 경제정책 방향 전환과 세계경제구조의 급속한 변화, 그리고 이에 기인한 유래 없는 저금리정책의 장기간 지속, 나아가 선진국들의 고령화와 더불어 빠르게 증가된 금융자산(그림 2-2 참조) 등 복합적 요인의 결합이 자리하고 있다. 특히 1980년대 이후 이른바 주택담보대출의 증권화(securitization)가 빠르게 확산되면서, 주택금융대출 전문기관들은 추가적 예금을 동원하지 않고도 증권화를 통해 주택금융대출을 크게 늘릴 수 있었다(그림 2-3 참조). 그리고 이

그림 2-3

미국의 주택담보대출

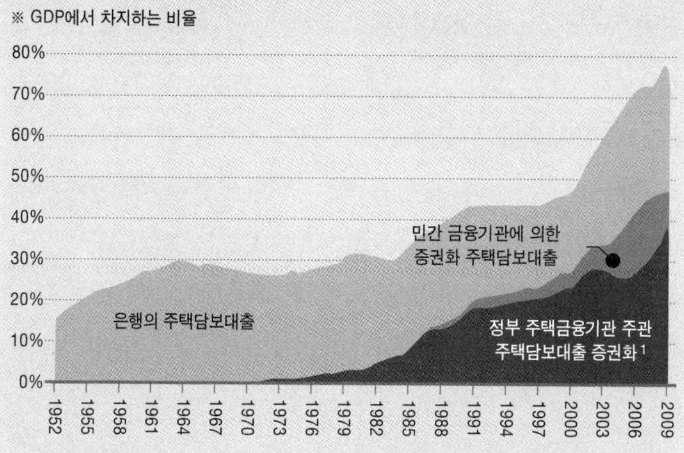

1 패니메이와 프레디맥과 같은 정부 출자 주택금융기관의 지원으로 이루어진 주택담보대출의 증권화를 의미함.

자료: U.S. Flow of Funds.

러한 증권화를 원활히 하는 데에는 패니메이와 프레디맥 같은 미국의 정부 출자 주택금융공사들이 신용을 보강함으로써 큰 역할을 했다. 당시에 이러한 증권화는 주택금융대출의 지역적 리스크를 다양화함으로써 위험도를 줄이고 자금 중개 기능의 효율성을 높이는 것으로 인식되어 금융의 중요한 혁신으로 인정되었다(Mishikin and Easkin, 2011). 또한 그것이 경제의 효율성을 높이고 국민의 복지를 높일 것으로 인식되었다.

이러한 과정에서 때때로 금융 규제 완화와 금융자산 흐름의 변동성 증가에 따른 금융시장의 불안정성이 표면으로 올라와 가시화되기도 했다. 2000년대 초 닷컴 거품이 터졌고, 연방준비제

그림 2-4
미국의 정책금리 변화

※ 연초의 금리를 기준으로 단순화한 것임.

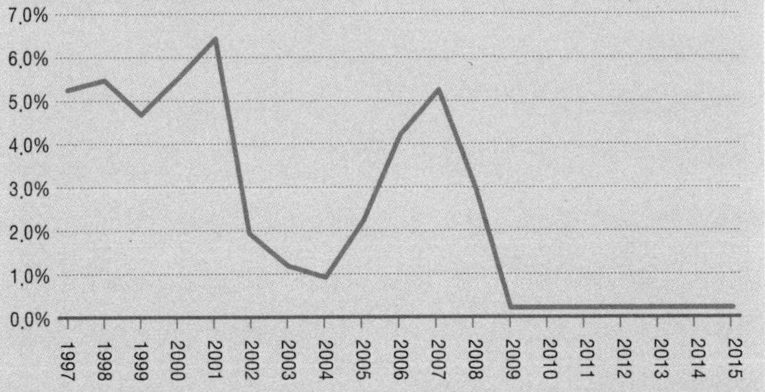

자료: Board of Governors of the Federal Reserve System.

도이사회는 이에 대처하기 위해 2001년 이후 빠른 속도로 정책 금리(Federal Funds Rate: FFR)를 내렸다(그림 2-4 참조). 이어 2002년 9·11 사태를 계기로 다시 금리를 크게 인하한 뒤 2004년 초까지 금리를 점진적으로 인하했다. 그리고 2004년 중순 이후에 들어서 금리를 조금씩 인상하기 시작했다. 또한 1999년 LTCM(롱텀캐피털매니지먼트) 위기 발생 시에도 연방준비제도이사회는 빠른 금리 인하와 무제한의 유동성 방출로 곧바로 금융시장을 정상화시킨 바 있다. 이러한 경험을 통해서 연방준비제도이사회와 미국의 정책 담당자들은 거시경제 운용과 금융시장 안정에 자신감을 갖게 되었다.

1990년대 이후 금융 기법이 발달하고 금융 자유화가 진전되면서 복잡하고 불투명한 파생상품의 거래가 대폭 증가했다. 전통적으로 신용은 차입자의 현금 흐름, 즉 소득에 기초한 미래 상환 능력에 기반을 두고 공급되었는데, 금융 자유화 이후에는 차입자의 현금 흐름이 아니라 보유한 자산만으로도 신용이 공급되는 유동화 기법이 발전했던 것이다(Borio, 2009). 이러한 상황에서 금융 규제 완화에 대한 요구가 거세지고 금융기관의 겸업이 허용되면서 금융기관들 간의 경쟁이 격화되어 신용 공급이 급증하고 자산 가격이 상승했다.

더 나아가 저금리의 지속에 따른 수익률 추구 경쟁은 금융혁신을 자극했다. 재무성 증권과 같은 무위험자산의 수익률이 사상 최저치를 기록하면서 시장에서는 위험은 낮고 수익률은 높은 자산을 찾으려는 욕구가 증대했고(사실 현실에서 이러한 상품을 찾기란 거의 불가능하다), 증권화와 '신용파생상품(credit derivatives)'은 이러한 수요를 충족시키는 대체 투자자산으로 각광받기 시작했다.

저신용등급의 개별 채권들이 증권화를 통해 최상위 신용등급 증권으로 전환되었고 신용등급이 유사한 다른 채권에 비해 높은 수익률을 제공했다. 실제로 위험도 낮고 수익률도 높은 투자대상은 있을 수 없다. 높은 수익률은 위험을 인수하는 대가이기 때문이다. 수익률 추구 경쟁은 기존에 위험이 높은 것으로 잘못 인식되었던 것을 찾아내거나 위험이 높은 개별 자산을 묶어 청구권 순위를 재정리해 위험이 낮은 자산을 창출해내는 노력을 가속화한 것이다. 그 결과 1990년대 후반부터 2000년대에 이르기까지 증권화 규모는 폭발적으로 증가했다. 미국에서는 1997년에 5000억 달러를 조금 넘는 규모에 불과했던 유동화 증권의 발행 잔액이 2007년에는 2조 5000억 달러, 즉 10년 사이에 5배에 달하는 규모로 급신장했다(이상묵, 2009).

증권화는 규모가 크게 증가했을 뿐 아니라 CDS(Credit Default Swap: 신용부도스와프) 같은 신용파생상품과 결합하면서 그 구조도 매우 복잡다기해졌다. 신용등급이 낮은 유동화 증권을 모아 신용파생상품을 결합해 다시 최고 등급의 유동화 증권을 창출해내는 2차, 3차 신용등급 정제 과정을 거치면서 기초자산부터 최종적인 증권까지의 거리가 점점 멀어지고, 심지어 증권이 어떤 기초자산을 바탕으로 하는지마저 불분명한 상황이 되었다. 이러한 증권은 그 가격을 정확히 산정하는 것이 거의 불가능했는데도 좋은 신용등급을 받았고 시중에서 빠르게 팔려나갔다.

수학자, 통계학자, 물리학자들이 대거 금융시장에 진출하기 시작한 것은 1990년대 초반이다. 그 전에는 경영대학원이나 경제학과 대학원에서 수리적인 재무학이나 계량경제학을 전공한 사람은 대개 대학교수로 진출했으나, 1980년대 말, 1990년대부터는 파생상품시장이 빠르게 성장하면서 계량경제학과 금융공학을 전공한 사람들에 대한 수요가 금융시장에서 크게 늘어나 이들이 대거 월스트리트에 직장을 얻기 시작했다. 필자는 1984년에 박사학위를 받았는데, 그때 계량경제학을 전공했던 동기생들은 모두 대학교수 자리를 얻어 강단에 섰다. 약 10년 후 이들 중 절반 이상이 대학교수를 그만두고 월스트리트에 진출해 일하고 있다는 이야기를 듣고 놀란 적이 있다. 또한 소련이 붕괴하면서 구소련의 우주과학자, 물리학자, 수학자가 직장을 잃고 금융가에서 금융공학자 일을 얻는 경우도 자주 있었다. 이들은 수학과 통계학을 잘 이해했지만 인간의 행위와 심리가 복합적으로 작용하는 거시경제적 측면과 금융의 위험에 대한 본질적인 이해는 부족한 편이었다.

이런 일이 진행되고 있는 가운데 금융 감독 당국은 신용 급증에 따른 위험을 정확히 인지하고 대응하는 데 실패했다. 경기 호황을 지속시키기 위해서, 또 다른 한편으로는 중산층 이하 미국인들이 자기 집을 가질 수 있도록 정책적으로 신용 확대를 조장했다. 그뿐 아니라 금융 감독 당국이 새로운 상품에 대한 이해가 부족했던 탓에 규제 갭(gap)이 발생하고 주요 금융회사가 규제 차익(arbitrage)을 추구하는 행위에 침묵했다. 특히 바젤 II(Basel II)가 발효되면서 은행들은 규제자본이 요구되지 않는 방식으로 자산을 확대해나갔다. 예를 들어, CDS를 이용해 은행이 생성한 대출의 신용 위험을 단기간에 보험사로 이전하는 것이 가능해졌는데, 이는 은행과 보험업을 겸영하는 금융지주회사인 경우에 적은 자본(자기자본 요건)으로도 금융 감독 규정이 요구하는 자본 비율을 충족시키면서 많은 위험자산을 보유할 수 있는 규제 차익을 활용하는 사례다. 과거에 비해 명백히 위험이 증가했는데도 금융 감독 당국이 위험 관리에 대해 과신함으로써 규제상 허점을 보완하지 않았던 것은 정책 실패였다고 하겠다.

더구나 자산 유동화, CDS 등 파생금융상품을 거래하는 과정에서 신용평가회사는 자산의 위험성과 가치를 적절히 평가하지 못했다. 최초에 대출을 공급한 은행이 대출자산을 유동화할 것을 전제로 한다면 차입자에 대한 신용평가를 철저히 하지 않을 수 있다. 가령 대출부터 유동화까지의 기간에 차입자가 부도나지 않고 신용평가회사가 신용 위험을 낮게 평가하기만 한다면 은행으로서는 높은 대출 수수료 수입을 얻으면서도 신용 위험을 유동화 증권 투자자에게 떠넘길 수 있는 것이다. 결국 신용평가회사의 기능이 부실해지면서 금융체제 전반의 신용 위험 관리에 큰 차질이 빚어졌다.

기초자산에 대한 평가 자체가 어려운 데다 몇 차례 구조화 과정을 거치면서 최종적인 채무이행 가능성에 대한 평가는 더욱 어려워졌다. 신용파생상품이 결합되자 신용보증 이행 가능성까지 점검해야 하는 문제가 발생했다. ABS(Asset-Backed Securities: 자산담보부증권)는 최초 발행 및 인수 후 2차시장이 사실상 존재하지 않는다. 그에 따라 발행 후 시가를 산정하는 것이 어려워 '시가평가(mark-to-market)'가 아니라 '가치평가 모형을 사용한 평가(mark-to-model)'에 의존해 평가하고 장부상에 기표하는 것이 좀 더 현실성이 있다는 주장이 많다. 그러나 다양한 가정과 복잡한 수리 모형을 적용해 평가한 가치를 놓고 최고경영진이 그 적정성을 판단하는 것은 사실상 불가능한 일이다. 높은 성과급을 얻으려고 하는 실무자의 자의와 도덕적 해이가 개입할 소지가 그만큼 클 수밖에 없는 것이다.

이러한 변화는 과거에는 신용에 접근할 수 없었던 경제주체에게도 신용이 공급될 수 있게 하는 등 금융 중개의 효율성을 높이는 것으로 높게 평가되었다(Turner, 2010). 또 은행이 부담하는 위험을 다수의 투자자에게 분산시켜 금융체계의 안정성을 높이는 데에 기여하는 것으로 인식되었다. 이런 인식 때문에 감독 당국은 증권화에 대해 수용적인 태도를 취했고, 은행은 추가적인 자본금 부담 없이 대출의 증권화를 반복함으로써 자본수익률을 높일 수 있었다.

증권화는 또한 과거 통계치를 적용해 개별 채권의 채무이행 가능성을 산출하고 그러한 채권을 한꺼번에 묶어서(pooling) 위험이 낮은 증권을 재창출해내는 작업이다. 따라서 개별 채권의 채무이행 가능성에 관한 과거 통계치에 기반을 둔 가정치(coefficient)가 잘못 입력되면 유동화 증권에 대한 평가도 잘못될 수밖에 없다. 서브프라임 모기지가 급팽창하고 부동산 가격의 거품이 확대되는 과정에서 과거 통계치에 기초한 개별 채권의 채무이행 가능성을 지나치게 낙관적으로 추정하는 일이 시장에서 광범위하게 행해졌다. CDS 역시 실제로 채무불이행 사태가 발생했을 때 보증 의무를 이행할 수 있는지 여부에 대해 정확한 판단이 결여된 상태에서 거래가 확대되었다(이상묵, 2009).

또한 증권화를 통해 은행에서 분리된 것으로 인식되어온 대출금의 상당 부분이 은행이 자회사로 설립한 SIV(Structured Investment Vehicle)나 유동성 공급 약정 등을 통해 은행이 자금을 대는 펀드로 보유됨으로써 증권화 이후에도 은행이 관련된 위험을 실질적으로 안고 있었던 것으로 나타났다. 부동산 거품이 터져 이들 증권에서 대규모 손실이 발생하자 은행은 '평판 위험(reputation risk)', 또는 유동성 공급 약정과 같은 법적 의무 등으로 인해, 장부 외에 있던 이들 자산을 장부 내로 흡수해야 했다. 그 결과 은행으로부터 분리된 것으로 인식되었던 유동화 증권 관련 손실이 고스란히 은행으로 다시 이전되었다. 이처럼 복잡하게 얽힌 금융의 연계성이 시스템 위기 가능성을 키웠다. 소규모 은행의 대출이 타 은행의 대출과 함께 유동화되고 유동화 자산을 기초로 또 다른 파생금융상품이 생산되며 이러한 투자상품에 위험 선호가 상이한 투자자들이 연계되어 자금을 공급하는 구조가 국경과 금융 권역을 넘나들면서 엮이게 된 것이다.

증권화와 신용파생상품의 급격한 확대는 그림자금융(shadow banking)의 급팽창과도 맞물려 있다. 은행이 자회사로 설립한 SIV나 투자은행, 헤지펀드 등 비은행 금융기관들은 도매 금융시장에서 단기로 차입한 자금을 이용해 만기가 장기이며 수익률이 높은 증권화상품과 신용파생상품에 투자했다. 이러한 그림자금융의 확대 역시 규제 차익을 극대화하기 위한 금융 행위의 결과였다. 티머시 가이트너(Geithner, 2008) 전 미국 재무장관은 뉴욕연방준비은행 총재로 재직하던 2008년 7월 뉴욕경제인클럽에서 행한 연설을 통해, 2007년 초 기준으로 미국 내 유사은행의 자산 규모가 전체 은행의 자산 규모에 맞먹는 수준으로 팽창해서 금융체계를 극히 취약하게 만들었다고 경고하기도 했다.

그림자금융은 은행으로 간주되지 않으면서도 은행의 핵심 기능 중 하나인 자금의 '기간 전환(maturity transformation)' 기능을 사실상 수행해왔다. 은행은 예금주가 요구하는 경우 즉시 인출에 응하는 유동성이 매우 높은 단기부채(요구불예금)로 조달한 자금을 장기대출로 기업, 가계 등 차입자에게 제공한다. 단기로 조달한 부채를 장기자산으로 전환함으로써 기업과 가계에 자금을 제공해 기업 투자를 촉진하고 주택시장을 활성화한다. 이러한 구조로 말미암아 은행은 늘 뱅크런과 도산에 취약한 구조를 가지게 되고, 이는 시스템 리스크의 잠재적 원천이 된다. 따라서 앞서 논했듯이 은행에는 자본과 유동성에 대한 규제와 감독이 다른 금융기관이나 시장보다 좀 더 엄격하게 가해지는 한편, 중앙은행의 최종대부자 기능에 대한 접근도 제공된다.

그러나 그림자금융은 사실상 은행과 유사한 기능을 하는데도 은행에 적용되는 엄격한 감독을 받지 않았고 중앙은행의 최종대부자 기능을 통한 보호도 받지 않았다. 그 대신에 그림자금융은 투자한 자산의 '시장성에 기초한 유동성'에 의존했다. 다시 말해, 은행의 대출은 만기가 도래하기 전에는 회수가 불가능하나, 유사은행이 보유한 자산은 시장성 상품이므로 자금 인출 요구가 발생하면 보유 자산을 시장에 매각해서 요구에 응할 수 있다는 것이다. 개별 금융회사만 놓고 보면 이러한 전제는 옳은 것이다. 그러나 모든 금융회사에 자금 인출 요구가 쇄도하는 시스템 위기 상황에서는 이러한 전제가 옳지 않게 된다. 모두 자산을 매각하려고 하면 자산가격이 하락해 큰 손실이 발생할 뿐 아니라 거래도 이루어지지 않아 매각 자체가 불가능해져 결국 시장이 붕괴하게 되는 것이다(이상묵, 2009).

이러한 금융시장 발전은 또한 시장의 상승 국면에서는 조달금리 하락과 자산가격 상승을 통해 경기 움직임을 더욱 확장시키는(경기 순응적) 결과를 낳았다. 자산가격의 상승으로 보유 자산의 담보 가치가 커져 추가적인 차입이 가능해지고, 나아가 차입금이 자산의 매입에 추가로 공급되어 자산가격이 더욱더 상승해 경기 상승을 확대하는 순환 사이클을 초래하게 된 것이다. 그러나 반대로 자산가격이 하락하기 시작하면 유동성이 급격히 악화되어 하강 사이클을 확대재생산하는 결과가 초래된다. 자산가격이 하락하면 추가적인 담보 제공 요구가 발생하고 차입 여력이 축소되기 시작하며 유동성 부족분을 메우기 위해 보유 자산을 매각하게 되고 그 결과 자산가격 하락이 가속화되는 악순환이 발생한다.

2008년 세계금융위기로 확산된 미국 금융위기는 이러한 과정을 거치면서 발생했다. 위기가 전례 없을 정도로 빠른 확산 속도를 보이고 확산의 범위도 광범위했던 가장 큰 원인은 그림자금융의 급팽창과 연관된 것으로 분석된다. '대마불사(too big to fail)'라는 믿음에서 비롯된 대형 금융회사의 실패가 시스템 위기를 초래했던 것은 과거의 금융위기에서도 경험했던 일이다. 그러나 무엇보다 2008년 금융위기의 주요한 특징은 복잡하게 얽힌 금융의 연계성이 시스템 위기를 초래했다는 점이다. 소규모 은행의 대출이 타 은행의 대출과 함께 유동화되고, 유동화 자산을 기초로 또 다른 파생금융상품이 생산되며, 이러한 투자상품에 위험도에 대한 선호가 상이한 투자자들이 연계되어 자금을 공급하는 구조가 국가 간 금융 권역을 넘나들면서 진행된 것이다. 이렇게 금융의 구조가 복잡해지면서, 부실이 발생했을 때 이에 대응할 수단을 마련하기가 어려워졌고, 이것이 결국 부실화를 더 깊고 더 빠르게 진행되도록 만들었던 것이다.

국제통화제도의 문제점과 자본 유출입의 변동성 증대[2]

브레턴우즈체제가 붕괴한 이후에 주요 선진국은 자유변동환율제

2 이 부분에 관해서는 조윤제(2010)에서 좀 더 광범위하게 논의한다.

도를 채택하기 시작했다. 그러나 여전히 많은 나라는 자국의 환율 안정과 국제수지 방어를 위해 외환시장에 개입하는 환율정책(관리변동환율제도)을 취해왔다. 일본을 마지막으로 하여 주요 선진국들이 자국통화의 환율 수준을 유지하기 위해 외환시장 개입에서 거의 완전히 손을 뗀 것은 2000년대에 들어와서다.[3] 현재 달러화, 유로화, 파운드화는 거의 완전히 자유롭게 시장에서 환율이 결정된다. 하지만 아시아 외환위기 이후 신흥경제국들은 외환위기 가능성으로부터 자국을 보호하고자 환율의 저평가를 유도하고 외환보유고를 확충하는 움직임을 강화했다. 중국은 공식적으로는 관리변동환율제도를 채택하고 있으나, 고성장과 빠른 고용 창출을 위해 수출에 의존하는 정책의 일환으로 환율을 달러화에 거의 고정시키다시피 운용함으로써 자국 환율의 저평가를 지속하고 이를 유지하기 위해 막대한 외환보유고를 쌓았다.[4] 결국 현재의 국제통화제도는 자유변동환율제도, 관리변동환율제도, 준고정환율제도 등이 뒤섞인 혼합제도 혹은 무(無)제도에 가깝다.

오늘날 미국 달러화는 기축통화로서의 역할은 약화되었지만 국제준비통화와 준비자산으로서 여전히 절대적으로 중요한 역할을 하고 있다. 달러화는 현재 전체 세계 외환보유고의 60% 이상을 차지하고 있으며(신흥경제국과 개도국의 경우에 이 비율은 더 높다), 국제교역상품의 가격 인용이나 국제 자본시장에서의 기채에서도

3 일본은 2003년 이후 환율 개입을 하지 않다가 세계금융위기 이후 엔화가 크게 절상되자 2011년 다시 외환시장에 개입하기 시작했다.

4 최근 IMF의 결정으로 중국의 인민폐가 2016년 10월부터 SDR 바스켓에 포함되게 되었으므로 향후 중국의 환율 개입은 줄어들 것으로 예상된다.

그림 2-5
달러화의 비중

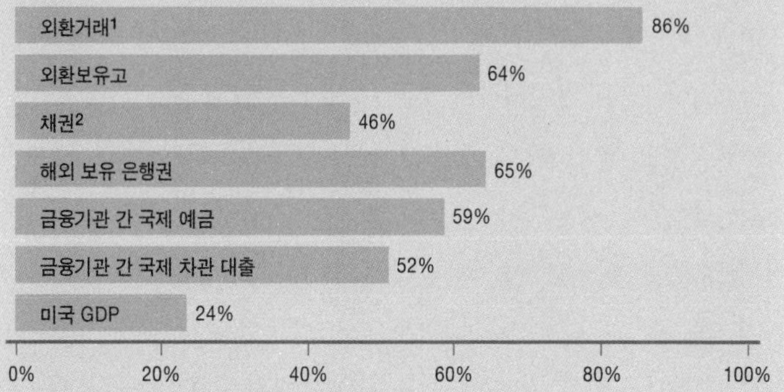

1 이 경우 거래는 두 통화를 거치게 되므로 전체 비중은 200%임.
2 자국 외에서 발행한 외화표시 채권.
자료: IMF(2010).

달러화 표시는 압도적인 비중을 차지한다. 한국은 전체 교역에서 미국과의 교역이 차지하는 비중이 약 15% 수준인 데 비해 달러화 표시 무역거래가 전체 교역의 약 85%를 차지한다.

금본위제도와 브레턴우즈체제하에서는 국제통화제도가 국제금융시장의 운용을 주도했다. 이때에는 개인이나 민간기관이 미 달러화 자산을 일정 한도 이상 보유하면 통화 당국을 통해 이를 금이나 자국 화폐로 교환해야 했으며, 이는 해당 국가의 통화량 공급에 영향을 미쳤다. 오늘날에는 개인이나 민간기관이 스스로 미 달러화 자산을 필요 이상으로 보유하고 있다고 판단할 경우에 이를 시장에 내다 팔게 되며, 이에 따라 환율과 이자율이 조정되고 통화량 역시 영향을 받는다. 오늘날 외화자산은 과거의 국제통화제도하에서와 달리 주로 민간 부문이 소유하고 있다. 달러화만 놓고 본다면 공적 부문의 보유량은 전체의 약 15% 정도에 지나지 않는 것으로 추산된다. 한편 민간 부문의 모든 국제통화 표시 외화자산 보유량은 공적 외환보유고로 소유되고 있는 규모의 약 6배가 되는 것으로 추산된다. 정확한 계산은 불가능하지만, 1970년에 이 비율은 2배 내지 그 이하였던 것으로 추산된다(Truman, 2010).

세계금융위기를 촉발한 주요인 중 하나로는 세계경제 불균형(global imbalance), 좀 더 정확히 말해 세계 주요국들, 특히 중국과 미국 간의 경상수지 불균형 문제가 꼽힌다. 그리고 이 주요국들의 경상수지 불균형이 지속적으로 심화된 주요 배경으로 오늘날의 국제통화제도가 가지고 있는 여러 취약점이 다시 지적되고 있다. 그렇다면 오늘날 국제통화제도에는 어떤 문제점이 있을까? 이 문제에 관해 자세히 논의하기에 앞서, 2008년 9월에 발생한 리먼브라더스 사태 이후 한국이 경험한 바를 알아봄으로써 국제통화제도의 문제점과 개편 방향을 생각해보고자 한다.

당시 한국의 은행들은 많은 단기외채를 가지고 있었기 때문에 해외 은행과 금융기관의 부채와 자산 축소(디레버리징) 과정에서 심각한 유동성 위기에 직면할 수밖에 없었다. 단기외채 만기연장률이 평상시에 비해 크게 떨어지고 전 세계 금융시장에서 달러 유동성이 급격히 위축되어가는 상황에서, 만약 정부(중앙은행)의 달러 유동성 지원이 없었다면 많은 은행이 채무불이행 위기에 놓였을지도 모른다. 2008년 한국의 은행들이 이러한 상황에 직면한 것은 은행의 자산이 부실화되었기 때문은 아니었다. 다시 말해, 당시 은행들이 당면한 위기는 자산의 부실에서 오는 지급

불능 위기가 아니라 유동성 위기인 것이 분명했다. 왜 이런 위기를 맞았을까?

표면적 원인으로는 2006년 이후, 단기외채 급증에 따른 외환계정의 만기 불일치 문제를 들 수 있다. 그러나 더 근본적으로는 이미 개방화된 국내자본시장에서 은행이 고객의 서비스 수요를 충족하려 하다 보니 어쩔 수 없이 생긴 결과였다. 당시 시장에서는 원화 환율 절상에 대한 기대가 압도적인 상황에서 수출이 급증한 선박회사들의 장래 수출대금에 대한 선물환 매도 수요가 증가하고 있었는데, 은행에서 이를 받아주다 보니 그에 대한 환리스크를 중화할 필요가 생겼고, 이를 위해 현물환시장에서 단기외채를 늘리게 된 것이다. 한편으로는 2006년 이후 정부가 환율 절상 압력을 줄이고자 국내 거주자의 해외 주식 투자를 점차 자유화해 해외 주식 투자가 증가하는 상황에서 투자 대금의 선물환 매도를 받아주기 위해서도 역시 현물시장에서 단기외채를 늘리게 되었다. 여기에다 선물환율이 하락하면서 당시 선물환율과 내외금리 차를 감안한 국내 금융자산과 해외 금융자산의 수익 차를 바탕으로 재정거래의 차익거래 기회(arbitrage opportunity)가 크게 열리게 되어 국내 외국계 은행들이 본지점 간 차입을 통해 한국 국채 투자를 크게 늘림으로써 이들의 외화 단기차입이 급증했다.

중앙은행의 주요 역할 중 하나는 은행이 일시적인 유동성 위기에 처했을 때 발권력을 동원해 은행을 지원함으로써 유동성 위기를 넘기고 금융시장의 안정을 회복하는 것이다. 이는 법적 의무라기보다는 과거 유럽과 미국에서 수많은 금융위기를 경험하면서 확립된 전통이자 관행이다. 서브프라임 모기지 사태로 촉발된 미국의 금융위기는 유동성 위기라기보다는 오히려 많은 은행의 건전성 위기라고 할 수 있었다. 그런데 미국 중앙은행인 연방준비제도는 전대미문의 통화 공급 확대를 통해 시장을 안정화하려 했다. 반면에 한국의 은행들이 달러화 유동성 위기를 맞았을 때 한국의 중앙은행인 한국은행의 발권력은 무력했고(달러화를 발행할 수 없으므로) 오직 보유하고 있던 외환으로만 은행에 도움을 줄 수 있는 상황이었다. 정부는 한편으로 외환보유고를 사용해 단기외채를 상환해야 하는 국내 민간은행을 지원하고, 다른 한편으로는 1000억 달러에 달하는 단기외채를 지급보증함으로써 유동성 위기를 헤쳐나갔다. 만약 당시 한국의 외환보유고가 2000억 달러를 넘지 않았다면 그러한 지급보증의 신뢰성 또한 얻을 수 없었을 것이며 한국이 또 다른 외환위기를 맞았을지도 모른다. 당시 정부가 1000억 달러에 달하는 단기외채를 지급보증했는데도 단기자금 유출은 계속되었고 외환시장 불안은 상당 기간 지속되었다.

다시 말해, 한국처럼 국내통화가 국제결제통화로 사용되지 않는 국가에서는 기업이나 은행이 자국통화로 해외에서 기채를 할 수 없어 외화표시(주로 미 달러) 부채를 많이 안을 수밖에 없으며, 중앙은행의 최종대부자 기능은 오로지 국내통화로 된 부채의 유동성 위기에서만 발휘될 수 있다. 반면에 오늘날처럼 상품 교역과 자본이동이 개방되고 세계금융시장이 마치 하나의 시장처럼 통합된 경제 환경에서 국내 은행들의 영업구조가 해외 은행들의 영업구조와 크게 다를 수는 없다. 특히 한국은 경제 규모에 비해 글로벌 대기업들이 많아 이들의 금융 수요를 충족하기 위해서는 은행들의 영업구조가 국제화될 수밖에 없고, 또한 외화자산과 외화부채에 대한 노출(익스포저)이 클 수밖에 없다. 이는 세계화의 산물이자 세계금융시장 통합의 결과이기도 하다.

그런데 미국 연방준비제도처럼 국제통화를 발행하는 주요국 중앙은행의 역할과 기능은 아직도 주권국가라는 울타리에 갇혀 있다. 중앙은행은 그 설립 취지와 역할을 규정한 국내법에 따라 운용될 수밖에 없기 때문이다. 한국이나 미국의 은행이 다 같이 달러화 거래를 하고 한국 은행의 대차대조표 구성에서도 달러화 표시 자산과 부채의 비율이 높아지고 있는 상황이지만, 미국의 중앙은행(연방준비제도)은 한국의 은행들이 유동성 위기를 겪을 시에 최종대부자 역할을 하지 않으며 그럴 수도 없다. 오로지 중앙은행 간의 통화스와프협정을 통해 일시적으로 간접적인 지원을 할 수밖에 없다. 실제로 미국 연방준비제도와 한국은행 간에 300억 달러 통화스와프협정이 이루어지고 나서야 한국 은행들의 유동성 위기는 안정되기 시작했다. 앞서 언급했듯이 한국처럼 국제통화를 발행하지 않는 나라의 중앙은행은 자국의 은행이 당면한 외화 유동성 위기에는 무력하다. 그리고 그러한 나라는, 세계화와 세계경제의 통합이 지속되고 자본 유출입의 변동성이 확대될수록 외환위기 가능성에 더 쉽게 노출될뿐더러 위기를 맞았을 때 치러야 할 경제적 비용도 더 커진다. 이를 두고 하버드 대학의 리카르도 하우스만(Ricardo Hausmann)은 오늘날의 국제통화 질서하에서 비결제통화를 가지고 있는 나라들의 '원죄(original sin)'라고 부르기도 한다(Eichengreen and Hausmann, 1999). 브레턴우즈체제하에서 IMF의 설립 취지는 IMF가 일종의 국제중앙은행 역할을 하게 하는 것이었다. 그러나 뒤에서 논하듯 현재의 국제금융시장 상황에서 IMF는 그러한 기능을 거의 수행하지 못하고 있다. 이상과 같은 한국의 경험은 현재 자국통화를 국제통화로 가지지 못한 대부분의 신흥경제국들이 겪고 있는 문제다.

현재 학계와 IMF 등 국제기구에서 지적하는 국제통화제도의 문제점을 종합해보면 크게 다음과 같이 요약할 수 있다.[5]

첫째, 많은 국가들이 변동환율제도를 채택하고 있는데도 세계 전체로 봤을 때 외환보유고에 대한 수요는 오히려 더 커지고 있다는 것이다. 원래 자유변동환율제도하에서는 외환시장의 수요와 공급에 따라 환율이 자유롭게 움직이기 때문에 정부의 시장개입이 필요하지 않게 된다. 따라서 외환보유고를 많이 쌓아놓을 필요가 없는 것이다. 그러나 자국통화가 국제결제통화로 사용되지 않는 신흥경제국에서는 자본의 유출입이 불안정한 상황에서 외환위기 발생의 위험을 줄이기 위해, 또한 자국의 수출 경쟁력을 유지하기 위해 외환시장에 개입하면서 높은 외환보유고를 쌓는 것이 일반화되고 있다. 특히 아시아 외환위기를 거치면서 이러한 경향은 더욱 심화되었다(그림 2-6 참조).

2002년부터 2007년까지 불과 5년 동안 신흥경제국으로 흘러 들어간 순민간자본(net private capital flows to emerging markets)은 900억 달러에서 6000억 달러로 늘어났다. 더욱이 이러한 유입 증가는 일관되기보다 유입 홍수나 급작스러운 반전과 같이 불

5 물론 이러한 문제에 봉착한 것이 반드시 오늘날의 일만은 아니다. 앞서도 지적했듯이 40년 전 브레턴우즈체제가 붕괴된 것도 비슷한 상황에서 기인했다.

그림 2-6
외환보유고 추이

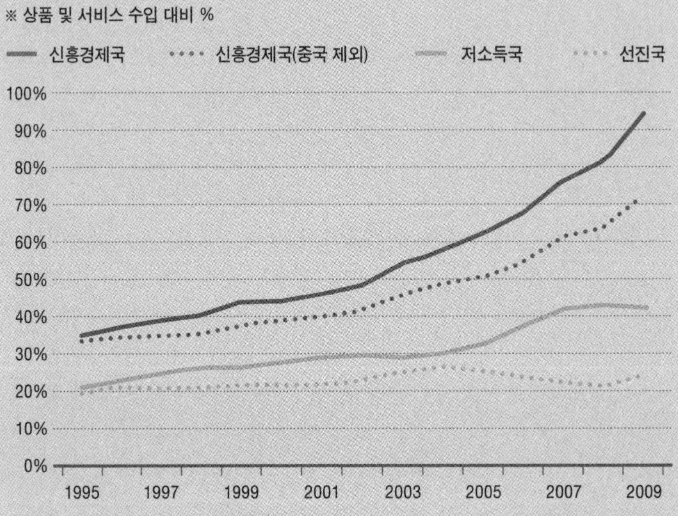

자료: IMF(2010).

안정하게 진행되었다. 지난 18년 중 일곱 해에 걸쳐 신흥경제국은 선진국의 금리정책 변화, 자국 경제의 펀더멘털 변화, 국제금융시장의 불확실성 증대 등과 같은 요인에 따라 국내총생산(GDP)의 3%가 넘는 자본 순유입을 경험했다(IMF, 2010). 그중 7개국은 자본 유출입 규모가 국내총생산의 20%를 넘기도 했다. 이러한 대량의 자본 유입은 국내 자산가격의 거품 확대, 자원 배분 왜곡, 국내 금융기관과 기업의 외화자산 및 부채 확대로 이어졌으며, 이는 자국통화의 절상 압력을 가져오면서 거시경제 운용에 커다란 착란 요인으로 작용했다. 그 결과 신흥경제국이 자국통화의 과도한 절상을 막고자 외환시장에 개입하고 갑작스러운 유출에

그림 2-7
향후 외환보유고 증가 추세

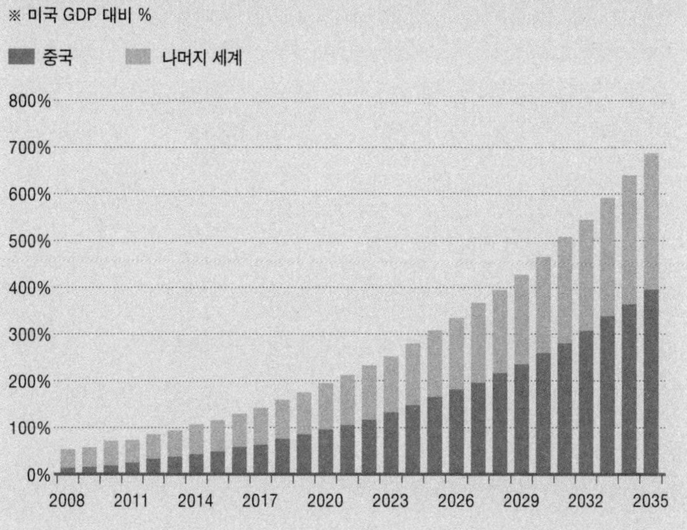

자료: IMF(2010).

대비해 막대한 외환보유고를 쌓아두는 것을 부추기는 방향으로 국제통화제도의 내재적 유인구조가 형성되고 있다. 만약 이런 추세가 지속된다면 2035년에 이르러 세계의 외환보유고 수요는 현재의 미국 국내총생산 대비 약 700%까지 증가할 것으로 추산된다(그림 2-7 참조).

둘째, 점증하는 외환보유고 수요는 주로 달러화 자산, 그것도 미국의 국공채 수요에 집중되어왔다. 이러한 현상으로 말미암아 미국 입장에서는 적정한 규모의 달러화 자산을 세계에 공급하는 동시에 또한 자국의 대내 균형(특히 재정 균형)과 대외 균형을 동시에 달성하는 데에 큰 어려움을 겪게 된 것이다. 세계경제의 규모가 확대되는 것에 비해 달러 자산이 지나치게 적게 공급되면 세계경제에 디플레이션 편향(deflationary bias)이 생기고, 너무 많이 공급되면 외환보유고(미국의 입장에서 보면 과다 외채)가 지나치게 많이 쌓여 국제금융시장의 불안 요인이 된다는 것이다. 바로 이것이 오래전부터 지적되어온 '트리핀 딜레마'로서, 기축통화를 발행하는 국가가 국제통화를 원활히 공급하려면 지속적으로 경상수지 적자를 내야 하는 동시에 국내 거시경제와 금융체계의 안정성을 유지함으로써 자국통화 가치에 대한 신뢰 역시 유지해야 하는 현 국제통화제도의 모순을 드러낸다. 이러한 문제는 지금처럼 종이화폐(불태환지폐 또는 신용화폐)를 사용하는 관리통화제도하에 언제나 내재되어 있는 것이나, 오늘날 미국 경제의 상황이 악화됨으로써 다시금 부각되고 있다.

셋째, 현재의 국제통화제도는 한 나라의 통화에 지나치게 의존함으로써 대외 준비자산을 발행하는 국가에 자국의 거시경제 정책 운영에서의 지나친 특권을 부여한다는 문제점을 안고 있다. 이는 자국통화가 국제통화로 사용됨으로써 누리는 이른바 '시뇨리지(seignorage: 화폐 발권 차익) 효과'뿐 아니라 국제금융시장에서늘 가장 낮은 금리로 자금을 조달할 수 있다는 데에서 나오는 거시경제 운용상의 특권을 포함하는 것이다. 이는 미국이 경상수지 적자와 같이 대외 불균형이 지속되더라도 이를 시정할 필요를 크게 느끼지 못하고 지속적으로 방만한 재정·금융 정책을 유지하게 하는 유인으로 작용한다. 그 결과 세계경제의 불균형이 지속되고, 자산 거품이 발생·확대되며, 미국의 저금리정책이 전 세계 저금리정책 확산과 금융시장에서의 고수익 추구를 위한 위험 감

그림 2-8
세계 외환보유고의 통화 구성

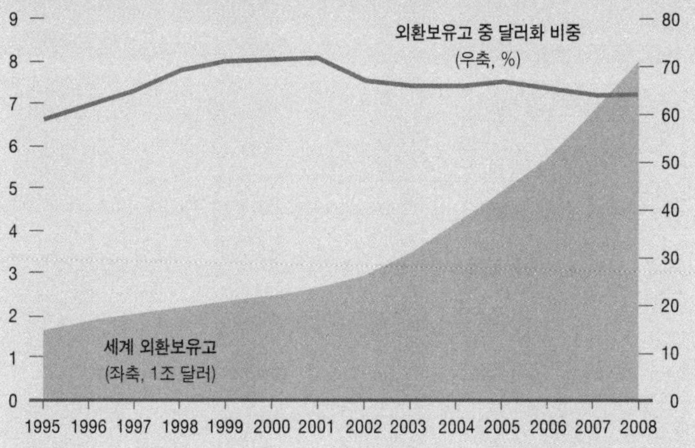

자료: IMF(2010).

수를 부추겼다는 것이다. 이러한 현상은 오늘날에도 지속되고 있다. 미국은 2008년 금융위기 이후 제로금리와 양적완화 정책을 써왔다. 아시아 외환위기 시 한국을 비롯해 위기를 겪은 국가들에 IMF가 처방한 것과는 크게 다른 정책이다. 이는 미국이 국제통화를 발행하는 나라여서 외환위기를 전혀 걱정하지 않아도 되기 때문에 가능한 것이었다. 이러한 비전통적 통화팽창 정책은 일단 미국과 세계의 경제가 깊은 위기에 빠져드는 것을 막기는 했지만, 통화전쟁을 유발하는 등 여러 부작용을 낳고 있다. 특히 향후 금리 정상화 과정에서 금융시장이 안정성을 유지할 수 있을지도 미지수로 남아 있다.

넷째, 앞서 지적한 사항과도 관련되는 것으로, 특정 국가의 통화를 국제중심통화로 사용함으로써 그 특정 국가가 자국의 통화가치를 안정적으로 유지하는 능력에 전 세계가 의존하게 되어 결국 그 자체가 국제금융체계의 불확실성을 높이는 요인이 되고 있다. 만약 미국이 건전한 재정정책을 쓰고, 중앙은행의 독립성을 확보해 안정적인 통화가치를 유지하며, 든든한 금융 감독체계와 규준을 설정하여 자국 금융시장의 안정성을 지속적으로 담보해나간다면 큰 문제가 없을 수 있다. 그러나 이러한 능력에 대한 신뢰가 무너지는 순간부터 국제금융시장은 큰 혼란에 빠져들 수 있다. 만약 여러 나라의 통화가 동시에 국제통화로 사용된다면 국제통화를 발행하는 여러 나라의 거시정책이나 금융 감독의 건전성, 통화의 안정성에 따라 국제통화로서의 선호도나 수요에 차등이 발생해 거시경제정책의 규율에 대한 경쟁체제가 형성될 수 있어 세계경제 전체로 볼 때 더욱 안정적인 국제통화제도를 갖게 될 수도 있다. 혹은 IMF와 FSB(Financial Stability Board: 금융안정위원회)와 같은 국제기구에 중심통화를 발행하는 국가의 거시경제정책, 재정정책, 통화정책, 금융 감독정책에 대한 강력한 감독 기능을 부여해 이를 규율할 수 있다면 더욱 안정적인 국제통화제도를 가질 수 있을 것이다. 그러나 현재로서는 IMF가 미국의 거시정책이나, 금융 감독정책에 대해 거의 어떠한 구속력이나 영향력을 가지고 있지 못하다. 미국은 IMF 내에서 비토권을 가지고 있고, 미국의 경제가 악화되더라도 IMF에서 자금을 빌릴 필요가 없기 때문에 IMF가 권고하는 정책 사항에 귀를 기울이지 않아도 된다. 유로화, 파운드화, 엔화도 상황이 크게 다르지 않다.

국제통화제도가 이러한 문제점을 안고 있는 와중에 이미 미국, 영국, 유로존, 일본은 그 결과를 정확히 예측하기 어려운 전대미문의 양적완화 정책을 구사했다. 세계금융시장의 위기가 수습된 것인지, 아니면 잠시 수면 아래로 가라앉은 것인지는 시간이 더 지나고 나서야 알 수 있을 것이다. 2015년 IMF의 '국제 금융 안정 보고서(Global Financial Stability Report)'도 미국과 주요 선진국의 통화정책이 세계금융시장의 잠재적 리스크를 높이고 있다고 지적하고 있다(IMF, 2015).

이상과 같은 문제점은 최근 들어 새롭게 대두한 것이 아니다. 1971년 브레턴우즈체제 붕괴 이후 국제통화제도가 오랫동안 안고 있던 것이라 할 수 있다. 국제통화제도를 개편해야 한다는 주장도 비단 최근에 와서 제기된 것이 아니다. 아시아 외환위기를 맞았을 때도 국제통화제도 개편에 관한 주장이 제기된 바 있다. 2008년 세계금융위기로 그러한 문제점이 더욱 크게 부각되자 국제통화제도를 개혁해야 한다는 국제적 논의가 다시금 적극적으로 일어나고 있다. 하지만 그러한 논의와 관련해 실질적인 진전은 별로 없었다고 할 수 있다. 무엇보다 이에 대한 국제적 합의에 이르기가 현실적으로 매우 어렵기 때문이다. 중국이나 유럽 국가는 미국 달러 주도의 현 국제통화제도에 만족하지 않고 있다. 그러나 미국은 현재의 상황이 지속되기를 바라고 있다. 또한 시장이 현재의 국제통화제도에 익숙해 있기 때문에 이를 바꾼다면 적지 않은 혼란이 예상된다. 따라서 국제적 정치·경제 상황으로 볼 때 당분간 현재의 국제통화제도에 어떤 구체적 변화가 일어나기를 기대하기란 어려울 것으로 보인다.

금융 감독 당국의 한계

2008년 세계금융위기는 1990년대 이후부터 이른바 '신경제(New Economy)'라고 불리는 세계경제의 구조적 변화가 일어나 과거의 사이클과 달리 적절한 통화정책을 통해 거시경제의 안정과 금융시장의 안정 속에 장기적인 경제성장을 이루어갈 수 있다는 믿음이 착오였다는 것을 보여주었다. 오히려 자본주의 금융체계가 근본적으로 위기 가능성을 늘 내재하고 있는 불안정한 구조를 지니며 안정 상태가 예외적인 것이라고 보는 하이먼 민스키(Minsky, 2009)의 시각이 옳을지도 모른다는 인식이 다시 널리 퍼지고 있다(Sheng, 2009; Reinhart and Rogoff, 2011; Fischer, 2011; 유재수, 2015).

2008년 세계금융위기의 주요 요인에 대해, 그동안 빠르게 변화해온 금융상품과 금융시장의 본질을 금융 감독 당국이 충분히 이해하지 못하고 안이함과 자신감에 도취했었기 때문이라고 보는 시각이 많다(Sheng, 2009; Fischer, 2014). 앞서 논의했듯이 이번 금융위기 직전까지도 '대안정기'라는 개념이 경제 전문가와 금융 감독 당국의 사고를 지배했다. 벤 버냉키(Ben Bernanke) 전 연방준비제도이사회 의장도 이사 시절이던 2004년 2월에 '대안정기(The Great Moderation)'라는 제목의 연설에서 "지난 20여 년간 미국 경제가 경험하고 있는 놀라운 변화의 하나는 분기별 실질성장률의 표준편차로 측정한 변동성이 1980년대 중반에 비해 절반으로 감소했고, 인플레이션의 변동성은 3분의 2가 축소되었다는 점"이라고 하면서, 그 요인 중 하나로 통화정책의 효과적 운용을 강조했다(Bernanke, 2004). 특히 1987년 주가 폭락, 1998년 LTCM

위기, 2000년대 초 닷컴 거품 붕괴 등 몇 차례에 걸쳐 발생한 금융시장 교란을 실물경제에 대한 큰 영향 없이 조기에 수습하면서 금융위기의 관리력에 대한 감독 당국의 자신감이 커져 있었다.

이러한 분위기 속에서 시장의 복원력에 대한 지나친 신뢰가 대세를 이루었고, 시장에서 진행된 일련의 금융혁신에 대해서도 긍정적 인식이 주류를 이루게 되었다. 그린스펀 전 연방준비제도 이사회 의장은 시장에서 확산되고 있는 증권화와 파생상품이 위험을 감당할 능력이 있는 다양한 투자자에게 위험을 재배분함으로써 금융의 효율성을 높이고 금융체계의 안정성을 높이는 긍정적인 역할을 할 것으로 보았고, 이에 대한 규제 주장에 반대하는 입장을 확고하게 드러냈다. 사전 규제를 하지 않더라도 거품이 터져 위기가 발생하고 난 뒤에 대응할 수 있고 비용을 고려할 때 그것이 더 효과적이라는 이른바 '사후 대처 전략('mop up after' strategy)'이 금융 감독 당국을 지배했다.

이러한 분위기 속에서 금융 감독 당국은 시장에서 진행되는 금융 수단의 복잡성과 불투명성 증대에 대해 별다른 조치를 취하지 않았다. 심지어 현상을 파악하는 것 자체도 자칫 규제로 인식될 수 있다고 판단해 정확한 실태 파악마저 의도적으로 기피하기도 했다. 그 결과 감독 당국은 시장의 변화에 내재하고 있던 위기의 가능성을 제대로 인식하지 못했을 뿐 아니라, 위기가 발생한 이후에도 그 파장을 가늠하지 못하고 대응의 시기와 강도에서 실기할 수밖에 없었다. 유일한 예외가 있다면, 전 미국 재무장관인 티머시 가이트너가 뉴욕연방준비은행 총재 시절이던 2004년에 신용파생상품 거래에 관한 금융회사의 후선업무 처리에 대해 조사한 결과 거래 상대방에 대한 기록 유지와 확인 절차 없이 신용파생상품 거래가 이루어지는 현상을 포착하고 그러한 문제를 해소할 장치를 강구할 것을 금융회사들에 지시한 일이다. 금융회사들의 그러한 문제에 대해 ≪뉴욕 타임스≫(2007년 2월 9일 자)에서는, 부자인 친구에게 돈을 빌려주었는데 그 친구가 돈을 빌려준 사람에게는 알리지도 않고 그 돈을 궁핍한 형제에게 빌려준 것과 같은 황당한 일이라고 언급하기도 했다.

한편 금융회사들이 계량적 모델에 지나치게 의존한 리스크 관리 방법도 금융위기의 초래를 막지 못한 원인으로 지적된다. 그동안 가장 널리 사용된 리스크 관리 기법은 VaR(Value-at-Risk) 모델이다. 그런데 VaR 모델이 안고 있는 가장 심각한 약점은 경기 확장 국면에서는 리스크가 낮게 측정되어 위험의 인수를 부추기는 반면에 경기 하강 국면에서는 리스크가 높게 측정되어 위험의 인수를 억제함으로써 경기 순환을 확대시키는 경기 순응성을 내포하고 있다는 점이다. 특히 VaR 모델은 2008년 세계금융위기를 예측하는 데에는 유효하지 않은 것으로 드러났다. 1990년대 이후 거시경제는 '대안정기'라고 일컬어질 정도로 경기의 변동성과 인플레이션이 안정되었다. 또한 무위험 수익률과 신용 스프레드의 하락으로 VaR 모델로 측정한 위험치는 지속적으로 하락했다. 이런 상황은 2007년 여름 갑작스럽게 은행 간 자금시장의 금리가 상승하고 신용 스프레드가 급등하기 직전까지도 지속되었다. 그 결과 VaR 모델은 금융위기의 가능성이 가장 높았던 위기 직전에 사상 최저의 위험 추정치를 나타내는 모순을 야기했다(이상묵, 2009).

금융을 바라보는 시각의 변화

3

제 3 장

앞 장에서는 2008년 세계금융위기를 맞기까지의 금융 규제 변화와 거시경제 및 금융시장 환경에 관해 알아보았다. 이 장에서는 경제에서 금융 부문의 역할은 무엇인지, 그리고 그동안 경제학계에서 그 역할을 바라보는 시각이 어떻게 변화해왔는지에 대해 간단히 정리해보고자 한다. 2008년 세계금융위기 이후 금융 부문을 보는 일반 시민의 시각뿐 아니라 경제학자, 언론인, 나아가 정책 당국자의 시각도 실로 많은 변화를 보이고 있다. 미국 경제를 이끌어온 심장부라는 월스트리트에서는 대규모 규탄 시위가 벌어지기도 했다.

머리말에서 필자는 금융 부문이 경제의 혈맥과 같다고 말한 바 있다. 그리고 금융 부문은 실물시장과 달리 '약속'을 사고파는 시장이라 그만큼 경제 변화의 불확실성에 취약하고, 뱅크런이나 유동성 위기, 건전성 위기에 쉽게 노출된다고 했다. 신발회사나 조선회사가 무너질 때보다 은행이 무너질 때 경제에 미치는 영향은 훨씬 크며, 이때 자칫하다가는 경제 전체의 시스템 위기로 이어질 수도 있다. 따라서 강력한 감독과 규제가 필요하고, 금융기관이 도산 위기에 놓이면 정부가 적극적으로 공적자금을 투입해 구제하기도 하는 것이다. 또한 그만큼 금융산업은 민간이 소유·경영하더라도 일반 기업에 비해 공공성이 강조되는 산업이다.

이러한 이유로 개도국뿐 아니라 여러 선진국에서도 은행을 국가가 소유·경영하는 경우가 많았다. 한국에서도 1980년대 초까지 모든 은행을 국가가 소유·경영했으며, 형식적 민영화가 이루어진 뒤에도 외환위기 발생 전까지는 정부가 실질적으로 경영진 인사와 운영에 개입했다. 인도와 중국에서는 지금도 주요 은행을 모두 국가가 소유·경영한다. 프랑스 역시 주요 은행을 국가가 직접 소유·경영했었고, 일부는 여전히 국가가 소유하고 있다.

1980년대 이후 금융 자유화 정책

앞서 언급했듯이, 대공황을 겪은 이후 전 세계적으로 금융 규제가 대폭 강화되었다. 정부의 규제와 감독 없이는 금융산업이 안정적으로 작동하기 어렵다는 인식이 정부나 학계에 자리 잡았기 때문이다. 그뿐 아니라 금융자금의 분배 또한 정부의 개입 없이는 효율적으로 이루어지기 어렵다는 인식이 널리 퍼졌다. 시장의 실패를 보완하기 위해 많은 국가에서 개발은행(development bank)

을 설립하기도 했다. 일본이 대표적인 사례이며, 한국뿐 아니라 많은 개도국이 경제 발전을 위해 개발은행뿐 아니라 여러 특수은행(specialized bank)을 설립했다. 중소기업은행, 농업은행, 수출입은행 등이 이에 해당한다. 개도국은 특히 시장의 불확실성과 비대칭적 정보가 심한 상황에서 은행 대출이 늘 보수적이고 담보 위주로 이루어져 새로운 기업과 산업의 출현을 저해했다. 따라서 정부가 각종 정책금융을 만들어 신용 배분에 개입하거나 국영은행을 통해 이를 보완하려 했다.

하지만, 국가에 따라 차이는 있으나, 이러한 정부의 금융산업 개입의 성과를 놓고는 대개 부정적 평가가 많았다. 일본이나 대만과 같이 비교적 성공적인 사례가 있는 반면에, 한국과 같이 정책금융과 정부의 금융 개입으로 산업화에는 성공했으나 금융기관이 부실해진 사례가 있고,[1] 인도나 여타 개도국처럼 산업화에 큰 성과를 거두지 못한 채 금융기관의 부실만 크게 키운 사례도 있다. 바로 이러한 반성하에 1980년대부터 세계은행을 중심으로 금융 부문과 경제 발전의 관계, 금융 자유화에 관한 연구가 꾸준히 진행되었고,[2] 1980년대 중반 이후 금융 부문 정책이 개도

1 중국도 1990년대 후반 유사한 경험을 했다고 할 수 있으며, 지금도 4대 국영은행에 상당한 잠재 부실이 쌓여 있다고 보고 있다.

2 필자도 당시 세계은행에서 이와 관련한 연구를 많이 수행했는데, 그 연구의 집약본이 1989년 세계은행에서 발간한 *World Development Report: Financial System and Development*다. 이 책은 필자를 비롯해 일곱 명의 핵심멤버(core team member)가 조지프 스티글리츠, 스탠리 피셔 등 학계 전문가의 자문을 받아 1년에 걸쳐 완성한 것으로, 이후 세계은행의 금융 부문 정책 자문에서 교과서 같은 역할을 했다.

국에 대한 세계은행과 IMF의 주요 정책 권고 사항으로 자리 잡게 되었다.

1980년대 이후 이러한 금융 부문 정책 방향에 반전이 이루어지게 된 것은 1970년대 초반 스탠퍼드 대학의 로널드 매키넌(Ronald McKinnon),[3] 에드워드 쇼(Edward Shaw) 등을 중심으로 금융 부문과 경제 부문의 발전 관계에 관한 연구들(McKinnon, 1973; Shaw, 1973)이 쏟아져 나오고 이를 계기로 관련 논의가 활발히 진행되면서부터였다. 앞서 논한 바와 같이 선진국에서도 1970년대까지 금리 규제가 일반화되어 있었다. 한편으로 이전의 경제학에서 '화폐(money)'의 역할에 관해서는 많은 이론이 있었지만, '신용(credit)'의 역할에 대해서는 깊이 있는 연구가 수행되지 않았었다. 다시 말해, 기존의 거시경제학에서는 '통화'의 역할을 주로 논할 뿐 '신용'의 역할은 거의 다루지 않았던 것이다. 금융 부문은 수동적으로 통화를 공급하는 채널에 지나지 않는 것으로 간주되었다. 매키넌과 쇼 등이 기여한 바는 케인스와 같은 단기적 경기 조절을 위한 통화정책이 아니라 장기적 경제 발전을 위한 '저축'과 '신용'이라는 관점으로 금융정책을 보게 한 것과 금융 부문이 경제 발전에 미치는 영향에 대해 깊이 있는 연구를 촉진한 것이었다. 이들은 금융 규제, 특히 금리 규제가 제도금융을 통한 저축과 자원 배분을 위축시키고 사금융시장을 확대시키는 결과를 가져와 결국 산업화에 필요한 대규모 자금 동원과 효율적 자원 배분을 저해한다고 주장했다. 이는 기존에 저금리와 인플레 파이낸싱으

3 매키넌 교수는 필자의 박사학위 논문 지도교수이기도 하다.

로 경제 발전을 이루고자 했던 개도국과 국제기구들에 금융정책에 대한 새로운 시각을 제시한 것이었다.

당시 많은 개도국에서 재정 적자에 의한 통화 남발로 인플레이션이 만연한 상태였고, 높은 인플레하에서 일어난 금리 규제는 실질금리를 낮추고 때로는 부(負)의 실질금리를 초래해 금융저축이 크게 저조한 상황이었다. 따라서 매키넌과 쇼 같은 학자들은 금리 규제를 완화해 실질금리가 자본 생산성을 반영할 수 있게 해야 하며 그렇게 되면 금융저축도 늘어나 이를 산업자금으로 동원하여 경제 전체의 투자율을 높일 수 있다고 주장했다. 실제로 매키넌과 쇼는 미국국제개발처(USAID) 한국 원조단의 자문교수로 한국을 방문해 1965년 한국이 금리 현실화를 단행하는 데에 크게 기여하기도 했다. 1965년에 한국은 정기예금 금리를 하루아침에 두 배 가까이 인상해 당시 사금융시장에서 운용되던 가계의 저축을 대규모 은행으로 유인할 수 있었다. 이후 1965년부터 1970년 사이에 은행의 정기예금은 국민소득 대비 두 배 이상 증가했다(Cho, 2002).

1980년대와 1990년대에는 금융 자유화로 인한 경제성장과 이에 대한 금융 부문의 역할에 관해 수많은 연구논문(Fry, 1988; Cho, 1986, 1988; Levin, 2004 등 참조)이 발표되었고, 점차 금융 자유화는 정책 담당자에게 경제성장 촉진을 위한 주요 정책 도구로 인식되었다. 이러한 연구는 단순히 이론적 모델을 넘어 계량경제학적 분석 결과를 토대로 이루어지기도 했는데, 당시 많은 계량분석 결과가 M2/GDP 혹은 M3/GDP의 규모가 경제성장에 정(正)의 영향을 미친다고 발표되었다.[4] 이는 다시 말해 국민소득에 대한 금융저축의 비중이 높을수록 경제성장률이 높아진다는 것을 의미한다. 실제로 여러 개도국을 대상으로 한 계량분석에서 이것이 정의 효과를 나타내는 것으로 분석되었다(Fry, 1988; Levin, 2004). 이는 경제개발을 위한 투자에 필요한 국내자본의 동원에 은행산업(더 넓게는 금융산업)의 발전이 필수 불가결함을 보여주는 것이기도 했다. 따라서 금리 규제를 비롯한 금융산업에 대한 규제 완화가 필요하다는 주장은 세계은행과 IMF 그리고 개발경제학자들 사이에서 설득력을 얻었고, 1980년대 이후 경제 발전 촉진을 위한 주요 정책의 한 축으로 자리 잡았다. 또한 금리 규제 완화가 단순히 금융저축을 늘릴 뿐 아니라 자원 배분의 효율성도 높인다는 연구 결과가 나오게 되었다(Cho, 1988).

경제성장은 결국 요소투입 증가와 총요소생산성 증가로 이루어진다. 요소투입 증가는 자본투입과 경제활동인구 증가, 고용 증가로 이루어진다. 결국 자본이 없으면 생산을 위한 설비와 산업 기반시설을 갖출 수 없다. 따라서 자본은 경제 발전과 성장에 필수적인 요소다. 국내 저축이 증가한다고 해서 반드시 투자가 증가하는 것은 아니다. 경제의 자본 잉여 부문으로부터 자본 부족 부문으로 자본이 흐를 수 있게 하는 것이 금융 부문의 중요한 역할이다. 이것이 원활하지 못하면 사람들은 돈을 옷장 속, 독 속에 묻어두거나 금 또는 땅에 투자하거나 아니면 그냥 써버리게 되는 것이다. 금융 부문이 이러한 저축을 유용한 산업 투자자금

4 M1은 현금통화와 은행의 요구불예금, M2는 M1과 은행의 정기예금을 포함하며, M3는 M2에 제2금융권의 저축성 예금을 포함한다.

으로 쓰일 수 있게 해야 하며, 이를 위해서는 금융 부문의 발전이 이루어져야 한다.

금융 부문의 발전은 안정적인 금융기관, 일반 예금자도 쉽게 접근할 수 있도록 넓게 퍼진 금융기관의 지점망, 저축에 대한 매력적인 실질금리 제공 등으로 이루어진다고 이해되었다. 많은 개도국에서 사금융시장이 발전해 있는데 이러한 사금융시장은 산업 투자자금을 동원하기보다 가계나 소규모 상인의 자금 수요를 충족해주는 역할에 그치는 경우가 많다. 한국에서도 금리 규제가 심하던 1960~1970년대에 사금융시장이 크게 번성했다. 그리고 서울 명동을 중심으로 사금융의 일부가 매우 전문화되어 일부는 대규모 기업의 단기자금 수요를 충족시키기도 했다. 이는 결국 공금융이 규제되고 제대로 발전하지 못한 결과였다. 공금융이 제대로 역할을 하지 못할 때 사금융의 발전은 저축 동원을 자극해 경제 발전에 기여할 수 있다. 그러나 사금융은 각자 소규모의 자금을 운영하고 있어 대출심사분석의 전문성 부족으로 거의 담보대출에 의존하며, 지점망이 없어 다수의 예금자로부터 대규모 자금을 끌어들이기 어려운 탓에 공금융기관, 특히 은행이 담당하는 기간 전환(maturity transformation)과 리스크 풀링(risk pooling) 등의 역할에 큰 한계가 있고, 경제 전체적인 관점에서 볼 때 자본의 동원과 배분의 효율성을 저해할 수 있다. 요컨대 사금융은 공금융의 역할을 대신하기는 어렵고, 특히 자본의 동원과 배분의 효율성, 위험 분산 등에서 은행이나 보험회사와 같은 역할을 기대할 수는 없다. 무엇보다 사금융은 규제와 감독을 받지 않아 금융 부문에서 필수적인 안정성이 크게 취약하다는 단점을 안고 있다.

또한 중앙은행의 최종대부자 기능에 기댈 수 없다는 점은 종종 금융시장과 경제의 불안 요인으로 작용하기도 한다.

이 때문에 1980~1990년대에는 금융 부문의 자유화, 규제 완화를 통해 개도국에서 사금융이 만연하는 것을 막고 공금융 부문을 확대해 산업과 경제 발전을 촉진해야 한다는 견해가 앞서 언급한 바와 같이 1930년대 대공황 이후 1970년대까지 지속된 강력한 금융 규제에 대한 선호를 압도하기 시작했다. 그리고 그러한 견해는 1980년대 이후 개도국과 신흥국을 포함해 전 세계적으로 금융 규제를 완화하는 방향으로 들어서는 데 이론적 기초를 제공했다.

세계금융위기 이후 금융 부문 역할에 관한 새로운 논의

그러나 2008년 세계금융위기를 계기로 금융 부문이 경제에서 담당하는 역할을 놓고 새로운 논의가 시작되었다. 이는 주로 거품 발생과 시스템 위기를 겪은 영국과 미국의 학자들을 중심으로 전개되었다. 이러한 논의는 2000년대까지 금융 자유화를 지지했던 견해와 달리 금융 부문의 성장과 발전이 어느 단계까지는 실물경제 발전에 도움이 되지만 어떤 수준 이상으로 발전이 진행되면 금융 부문의 성장과 확대가 실물경제의 발전에 기여하는 역할이 그리 크지 않다는 것이다(Turner, 2010, 2014a). 그리고 더 나아가 실물경제에 거품을 일으키고 금융시장의 불안정을 조장해 경제 성장의 불안정성과 경기 변동의 폭을 키움으로써 지속적이고 안정적인 성장을 오히려 저해할 수 있다는 것이다(Cecchetti, Mohanti and Zampolli, 2011; Group of Thirty, 2013; Shin, 2013; Adrian and Ashcraft, 2012).

금융 부문이 경제에 기여하는 역할은 크게 네 가지로 나누어 볼 수 있다. 첫째는 지급결제 기능이고, 둘째는 위험과 손실에 대한 순수 보험(pure insurance) 기능이며, 셋째는 외환과 증권의 현물거래 및 선물거래가 가능하도록 시장을 만들어주는 기능이고, 넷째는 자금 여력이 있는 집단과 자금 여력이 부족한 그룹 간에 자금을 중개하는 기능이다.

이 중 네 번째, 즉 자금의 중개 기능이 아마도 금융 부문의 가장 전통적이고 중요한 기능이라 할 수 있을 것이다. 금융이 자금 중개 역할을 통해 단기예금을 장기대출로 전환하고(기간 전환), 소액예금자들의 소규모 자금들을 합쳐서(풀링) 기업 등 다수의 대규모 차입자들에게 대출함으로써 결과적으로 소액예금자는 리스크 분산(diversification) 효과와 필요시 쉽게 예금을 현금화할 수 있는 유동성(liquidity)을 제공받는다. 결국 이러한 기능을 통해 위험도와 수익성을 전환하는 것이 은행의 주요 역할이다(Mishkin and Eakins, 2015).

한편으로 이러한 자금 중개 기능을 통해 금융 부문은 다음과 같이 경제의 부가가치 창출에 기여한다. 첫째, 금융은 자금은 있지만 아이디어나 생산 능력, 시간이 없는 사람으로부터 아이디어나 생산 능력이 있는 기업 또는 생산자에게 자금을 중개하여 실제로 경제에서 제품과 서비스의 생산을 높여 가치 창조가 일어나는 것을 가능하게 한다. 둘째, 금융은 가계 부문 대출을 통해 사람들이 평생소득 수준에 맞는 소비생활을 할 수 있게 해준다. 대학생이 학자금을 대출받아 공부하고 졸업 후 소득이 생겼을 때 상환하게 하거나, 젊은 부부가 아이를 낳아 키울 시기에 당장의 소득으로는 살 수 없는 집을 대출받아서 산 뒤 소득이 늘었을 때 대출금을 상환하게 함으로써 경제에서 새로운 가치 창조와 발전이 일어나도록 뒷받침할 수 있다. 셋째, 금융은 가계나 개인에게 위험도에 대한 성향(risk attitude)이나 유동성 수요, 수익성 추구에 맞는 다양한 저축 수단을 제공한다.

보험산업도 마찬가지 역할을 한다. 예측할 수 없는 손실이나 불행에 상부상조의 기능을 제공함으로써 리스크를 결합하고 보험에 가입한 이들의 복지를 높일 수 있다. 대체로 금융 부문이 커질수록, 그리고 금융기관에 접근하는 것이 많은 사람에게 용이해질수록 금융 부문이 실물경제의 성장에 기여하는 바가 커지는 것으로 인식되었다.

그러나 1980년대의 금융 자유화와 더불어 대출의 증권화 등 금융상품의 혁신이 빠르게 일어나면서 전반적으로 금융 부문의 성장은 실물경제의 성장보다 훨씬 빠르게 진행되었다. 금융기관의 '부채/자본' 비율도 빠르게 증가하면서 '경제의 금융화(financialization of the economy)'가 빠르게 진행되었다. 특히 이러한 추세는 미국이나 영국 같은 금융 선진국을 중심으로 강하게 일어났다. 이것이 과연 사회의 복지를 증대시켰는지, 아니면 단순히 금융시장 및 경제의 유동성과 불안정성을 증대시킨 것인지를 두고 논란이 적지 않았다. 이와 관련해 다음 세 가지 사실에 주목할 필요가 있다.

첫째, 거시경제학 이론은 주로 통화(money)에 관한 논의를 바탕으로 하고 있으며, 신용(credit)과 금융 중개의 역할에 관해서는 주요하게 다루지 않는다. 거시경제학에서는 금융 부문을 경제 정책을 전달하는 중립적 창구 역할을 행하는 것으로 보았으며, 거시경제의 변화와 금융 부문의 발전을 서로 독립적인 것으로 보았다. 둘째, 1970년대 이후 들어 대부분의 신고전파경제학자들은 금융 부문이 경제에 긍정적인 역할을 한다고 보았고, 이것이 이후 정책 결정자들에게 큰 영향을 미쳤다. 셋째, 그럼에도 최근의 경험을 통해 볼 때, 특히 선진국에서 금융 부문의 발전과 경제성장률 사이에는 뚜렷한 상관관계가 보이지 않는다는 것이다.

1980년대 이후 유럽과 미국에서 공통적으로 뚜렷하게 나타난 추세는, 금융 부문의 성장(financial deepening)이 매우 빨랐고, 이러한 성장이 전반적으로 경제주체의 부채 수준을 높였다는 것이다. 그리고 그러한 변화는 복잡한 증권화상품의 증가와 더불어 기간 전환(maturity transformation) 증가를 가져왔으며, 다수 시장(multiple markets) 간 거래 행위를 증가시켰다. 모기지 대출의 증권화는 일반 차입자들이 저축이 적더라도 생애소득에 기초해 돈을 빌려 주택을 구입할 수 있게 했지만, 소득에 비해 과다한 주택금융을 차입하게 함으로써 전반적으로 금융체계와 경제 전체의 취약성을 키우기도 했다. 증권화와 관련한 파생금융상품은 개별 기초자산(대출)들의 리스크 헤지 기능에도 불구하고 득보다 실이 클 수 있다는 점, 금융혁신이 새로운 상품과 시장을 창조해나가는 긍정적 측면보다 시장의 불안정성을 키우는 부정적 측면이 더 클 수 있다는 점 등이 점점 크게 부각되었다(Stiglitz, 2010; Adrian and Ashcraft, 2012; Cecchetti, Mohanti and Zampolli, 2011). 또한 주택 대출자산의 증권화는 새로운 (신용도가 더 떨어지는) 차입자군에게 신용을 확대해주었지만, 결과적으로 이들에게 상환 불능 문제를 일으킴으로써 득보다 실을 더 많이 안겨주었다는 것이다. 다시 말해, 단순히 신용창조의 확대가 경제에 좋다는 1970년대 이후의 생각에 숨어 있는 함정에 빠져서는 안 된다는 인식이 특히 2008년 세계금융위기 이후 널리 확산되었다(Turner et al., 2011).

또한 금융의 글로벌화는 금융상품에 내재하는 리스크를 제대로 평가할 수 있는 능력을 떨어뜨리고 거시경제의 변동 폭을 확대시킬 수 있다는 인식이 확대되었다. 따라서 그동안 정책 담당자나 학계를 지배해온 유동성 및 신용 창조에 대한 무조건적인 긍정적 편견을 좀 더 보수적인 시각으로 바꾸고, 시장의 위험을 증가시키는 투기적 투자 행위를 더욱 엄격하게 규제하며, 금융거래에 세금을 부과해 투기적 행위의 증가를 부추기는 금융거래를 적절히 제어해야 한다("throw sand in the wheels of speculative activities")는 견해가 2008년 세계금융위기 이후 금융 부문 정책에 대한 새로운 인식으로 부상했다.

대출자산의 증권화도 개별 금융기관이 위험 관리를 좀 더 용이하게 하고 수익성을 높이며 신용 공급을 늘리게 한 반면, 경제 전체의 부채 수준을 높이고 외부 충격에 취약하게 한 측면도 있어, 이에 대한 대책을 서둘러 마련해야 한다는 주장이 강해지고 있다(Adrian and Ashcraft, 2012; Fisher, 2014; Turner, 2014a). 특히 신용평가회사에 대한 규제 도입, 내재한 위험도에 대한 공시 강화, 자본 규제, 자본적정성 및 유동성 강화 등이 많이 논의되었다.

세계금융위기를 겪은 이후, 여러 종류의 신용 확대에 대해 경제에서의 역할을 꼼꼼히 따져보고 평가해야 하며, 거시경제정책 역시 자산가격의 움직임에 적극적으로 대응해야 한다는 주장도 제기되었다. 즉, 금리·통화 정책은 자산가격의 사이클에 적절히 대응해야 하고,[5] 경기 역행적 자기자본 비율(countercyclical capital adequacy ratio)을 도입할 필요가 있으며, 채무자에 대한 직접적 규제(예컨대 DTI 등)가 필요하다는 것이다(Adrian, 2014; FSB, IMF and BIS, 2011). 또한 거시경제정책의 국제적 조율, 거시경제정책과 금융 감독 기능의 연계가 필요하다는 의견도 제시되었다(FSB, IMF and BIS, 2011).

한편 대형 금융기관에 대해 특별한 규제가 필요하다는 것에도 공감대가 형성되었다(FSB, IMF and BIS, 2011). 대형 금융기관이 부실해지면 경제 전체의 시스템 위기를 초래할 수 있어서 정부로서는 이들이 방만한 경영을 한 탓에 채무이행을 할 수 없을 때에는 공적자금을 투입해 이들을 구제할 수밖에 없게 된다(이른바 '대마불사'). 이러한 사실을 시장과 투자자도 인지하고 있기 때문에 대형 금융기관은 다른 금융기관보다 더 싼 금리로 자금을 조달할 수 있으며, 또한 자신이 잘못되더라도 구제받을 것이라는 확신이 도덕적 해이로 이어져 더 높은 리스크에 대해 투자하게 된다. 그리고 이러한 도덕적 해이에 따른 궁극적 비용은 결국 국가와 납세자의 몫으로 돌아온다. 따라서 금융기관이 대형화하는 것을 가

5 기존 통화정책의 기본적 입장은 자산가격 상승에 대해 금리 인상으로 대응하는 것이 적절치 않다는 것이었다.

능한 한 억제하고, 이미 대형화했을 때에는 국가가 제공하는 암묵적 보증에 따른 비용을 적절히 부과해야 한다는 논리다.

이러한 논리가 힘을 얻자, 세계금융위기 이전까지만 해도 합병과 인수를 통한 대형화의 바람을 부추기거나 방관하던 주요 선진국 정부는 대형 금융기관에 대한 시각을 크게 바꾸어 규모가 큰 은행에 대한 규제를 강화하는 움직임을 보이고 있다. 또한 이것이 G20을 통한 금융 규제 개혁의 주요한 의제로 채택되어 논의되어왔다. 그 결과 2011년 7월에 FSB(금융안정위원회)는 세계금융시장에서 '시스템적으로 중요한 금융기관(Systemically Important Financial Institutions: SIFIs)'의 선정 방법과 추가자본 부과 방안을 담은 합의문[6]을 발표하고, 2011년 11월에 전 세계 29개 대형 금융기관을 '시스템적으로 중요한 글로벌 금융기관(Global Systemically Important Financial Institutions: G-SIFIs)'으로 지정했다.[7] 한편 FSB와 BCBS(Basel Committee for Banking Supervision: 바젤은행감독위원회)는 매년 전 세계 70여 개 대형 은행을 대상으로 '시스템적으로 중요한 글로벌 은행(Global Systemically Important Banks: G-SIBs)'을 선정하고 명단을 공포하고 있다. 2014년 11월에도 30개를 선정해 발표했다. 또한 국내 금융기관 중 시스템 위기를 가져올 수

6 Financial Stability Board(FSB), "Effective Resolution of Systemically Important Financial Institutions"(2011), http://www.financialstabilityboard.org/wp-content/uploads/r_110719.pdf

7 Financial Stability Board(FSB), "Policy Measures to Address Systemically Important Financial Institutions"(2011), http://www.financialstabilityboard.org/wp-content/uploads/r_111104bb.pdf?page_moved=1

있는 대형 금융기관의 지정 기준과 이들에 대한 규제 방안에 관한 논의를 지속해오고 있다. 이와 관련해서는 뒤에서 좀 더 자세히 논하기로 한다.

이상의 논의를 다시 종합해보면 다음과 같다. 1970년대 이후 금융 규제 완화는 대출자산 증권화와 더불어 금융상품 혁신을 널리 확산시켰고, 복잡한 증권화 관련 파생상품 출현과 거래 확대, 그리고 증권화에 따른 부외거래(off balance sheet transactions)' 확대, 대출 공급 증대로 금융 부문의 규모는 빠르게 확대되었다. 금융 부문의 자산과 부채가 소득수준보다 빠르게 늘어나면서 경제 전체의 자산 혹은 소득수준에 대비한 부채 비율(레버리지 비율)도 빠르게 늘어났다. 금융 부문의 급속한 성장은 금융의 중개 기능과 가계의 복지 수준을 향상시키고 기업의 투자를 좀 더 원활히 한 측면도 있지만, 금융 부문의 성장이 실물경제 규모에 비해 지나치게 빠르게 이루어지다 보니 오히려 금융시장과 자산시장의 변동성과 경제의 불안정성이 커지게 되었다. 다시 말해, 금융 부문의 확대는 실물경제 발전에 어느 수준까지는 정(正)의 기능을 하지만, 일정 수준을 넘어서면 자칫 투기 행위를 조장하고, 자산시장 변동성을 확대시키며, 내재적 위험에 대한 평가를 더욱더 어렵게 하고, 경제주체들의 채무 비율을 증가시켜 결국 금융 부문 전체의 리스크와 경제의 잠재적 불안정성을 높이게 된다는 것이다. 따라서 이러한 위험성을 적절하게 제어할 수 있는 정책이 요망되며, 금융 부문의 중개 기능이 지닌 긍정적 효과에만 주의를 기울여온 기존 학계와 정책 담당자의 편향된 시각이 금융 부문에 내재한 위험성에 좀 더 많은 주의를 기울이는 신중한 시각으로 바뀌어야 한다는 쪽으로 의견이 모이고 있다.

이러한 시각의 변화와 더불어 금융 규제·감독 강화에 관한 논의가 전 세계적으로 활발해져 왔다. 특히 G20과 FSB를 통해 이에 관한 국제적 협력과 논의가 진행되어왔다. 그러나 아직까지 각국이 금융 규제·감독 강화를 대하는 입장과 입지에 많은 편차가 있는 것이 사실이다. 선진국 중에서도 미국이나 영국처럼 금융위기의 진원지가 되었던 나라와 그렇지 않은 나라 간에, 그리고 특히 선진국과 신흥국 간에 시각이 다르다. 신흥국은 선진국만큼 금융 규제 완화와 혁신이 활발했던 것도 아니어서 금융시장 현실이 선진국이 당면한 것과는 큰 격차가 있는 것이 사실이다. 오히려 신흥국 입장에서는 금융 규제 완화와 혁신이 더 활발히 일어나 금융 부문의 효율성과 경쟁력을 높여야 하는 과제를 안고 있기도 하다. 또한 한국과 같은 신흥국에서는 선진국이 세계금융위기 이후 금융 부문에 대한 규제를 강화해 자국 금융기관에 무거운 족쇄를 채우는 것을 기회로 삼아 오히려 금융 규제를 완화함으로써 자국 금융기관의 경쟁력을 높이고 국제금융센터로 도약할 수 있을 것이라는 인식도 강한 상황이다.

G20을 중심으로 이루어진 금융 규제 개혁 논의는 이미 많은 진전을 보여왔고, 아직도 남은 논의가 지속되고 있다. 특히 미국에서는 2010년에 '도드-프랭크법(Dodd-Frank Act)'을 제정함으로써 1970년대 이래 진행되어온 상업은행과 투자은행의 '업무 구분 완화' 추세를 다시 '업무 구분 강화' 추세로 반전시켰으며, 자기자본거래(proprietary trading) 등에 대한 규제를 크게 강화함으로써 금융 규제정책의 추세가 1970년 이후 약 40년간 지속된 '완화 추

세'에서 다시 대공황 이후처럼 '강화 추세'로 돌아섰다. 영국과 유럽에서도 이와 비슷한 추세를 관찰할 수 있다.

다음 장에서는 2008년 세계금융위기 이후 주요국의 규제 개혁 추세와 G20을 통한 주요 개혁 항목 및 그 진전에 관해 논해보고자 한다. 금융위기 이후 금융 규제·감독 체계의 변화에 관해서는 금융위기를 가장 심각하게 경험한 미국과 영국을 중심으로 살펴보고, 금융 규제 개혁의 국제적 논의에 관해서는 그동안 G20과 FSB를 중심으로 논의되어온 것을 정리해보고자 한다.

세계금융위기 이후 금융 규제·감독

4

금융 규제 개혁에 대해서는 2008년 세계금융위기의 진원지였던 미국과 영국에서 가장 많은 국내 여론의 요구가 일었고, 역시 가장 먼저 광범위한 금융 감독체계 개편이 이루어졌다. 두 국가에서 이루어진 금융 감독체계 개편은 크게 다음과 같은 세 가지 측면에 중점을 두고 있다.

첫째로, 거시건전성 감독 강화를 위한 감독체계 개편에 초점을 맞췄다. 이는 세계금융위기 이후 부각된, 개별 금융기관에 대한 미시적 감독만으로는 시스템 위기를 피할 수 없다는 인식에 따른 것이다. 결국 자산가격 상승 등 거시경제적 요인과 개별 금융기관 간의 상호연계성(interconnectedness), 결제 시스템, 최종대부자 기능을 통괄적으로 관리·감독하고 이에 대해 종합적으로 대처할 수 있어야 금융위기를 막을 수 있다는 것이다. 이는 거시건전성 감독을 통해 밑받침되지 않는 미시건전성 감독은 그 실효성을 확보하기 어려울 뿐 아니라, 미시건전성 감독으로 보완되지 않는 거시건전성 감독 역시 무력할 수밖에 없다는 인식 변화에 따른 것이다. 이러한 인식 변화에 따라 거시건전성 감독을 담당할 새로운 기구를 설립하거나 기존 감독기관 간의 협력 강화, 역할 재조정으로 감독체계 개편이 이루어졌다. 자본적정성 규제도 경기 순응적이 되어 거품을 키우는 경향을 막도록 경기 역행적 장치를 도입하게 되었다.

둘째로, 대형 금융기관의 도덕적 해이에 대해 대책을 강화하는 데 초점이 맞춰졌다. IT 발전에 따라 금융산업에서 규모의 경제와 범위의 경제가 강조되었고, 그 결과 금융기관의 합병과 대형화가 하나의 추세로 자리 잡았다. 대마불사라는 인식은 대형 금융기관으로 하여금 강한 도덕적 해이를 야기함으로써 값싼 자금을 동원할 수 있는 특권과 위험자산에 대한 투기에 좀 더 쉽게 접근할 수 있게 했다. 그런데 대형 금융기관이 부실화되었을 때는 구제하기에 너무나 큰 국민적 비용이 들기 때문에 경제에 큰 충격 없이 파산할 수 있게 하는 것이 중요한 과제로 떠올랐다. 그 방안으로는 한편으로 대형 금융기관의 도덕적 해이에 대한 유인을 줄이는 것과 다른 한편으로 이들이 부실화되었을 때 순조로운 파산·정리 과정을 거치도록 하는 것이 논의되었다. 구체적으로, 전자는 SIFIs(시스템적으로 중요한 금융기관)를 지정하고 이들에 대해 더 높은 자기자본 비율 및 세금을 부과하는 것을 통해서, 그리고 후자는 이들에 대해 파산정리 계획('living will') 책정을 의무화하는 것을 통해서 실행하는 방안이 논의되었다. 특히 후자는 SIFIs

가 경영 위기에 직면했을 때 회복·파산정리 계획을 사전에 책정하게 함으로써 업무 개선을 위한 활용과 파산 시 조치를 용이하게 하기 위한 것이다.

셋째로, 금융소비자 보호를 강화하는 것에 초점을 맞췄다. 물론 금융소비자 보호와 관련한 정책은 금융위기 이전부터 시행되어왔으나, 세계금융위기 이후 그 수준과 범위가 더욱 강화되고 현실화되고 있는 것으로 보아야 할 것이다. 세계금융위기 이후 금융소비자를 보호·구제하는 제도를 정비할 필요성이 커지면서, 금융업자가 규칙을 준수하지 못한 결과로서 금융소비자가 손실을 입거나 피해를 당해 법정소송을 제기하면 적절한 구제나 보상을 받을 수 있도록 금융기관에 소비자를 직접 구제하는 제도를 도입할 것을 규정했다. 금융업은 인가업이므로, 소비자가 피해를 당했을 때 이를 구제할 책임은 기본적으로 인가를 담당하는 감독 당국에 있다. 미국과 영국에서는 감독 당국 내에 관련 부서의 기능을 강화하거나 관련 정책을 주관할 기관을 새로 설립하는 등의 노력이 이어졌다. 특히 영국에서는 미국의 집단소송제도와 같은 제도를 도입하는 것과 관련한 논의도 이루어졌다.

그 밖에 미국과 영국에서는 금융 감독체계 개편에서 신용평가사에 대한 감독 강화나 자본시장의 투명성 강화와 관련한 정책적 논의도 진행되어왔다.

미국의 금융 감독체계 개혁[1]

미국 금융 감독의 특징 중 하나는 감독 권한이 여러 기관에 분산되어 있다는 것이다. 이 때문에 미국에서는 2008년 금융위기가 확산되기 전부터 감독 업무의 비효율성 문제가 거론되어왔다. 2007년 3월에 열린 '자본시장 경쟁력에 관한 컨퍼런스(Conference on Capital Market Competitiveness)'에서 금융 감독체계 개편에 관한 논의가 시작되었으며, 2008년 3월에 재무성은 단기·중기·장기의 3단계로 구성된 '금융 감독체계 선진화를 위한 청사진(Blueprint for a Modernized Financial Regulatory Structure)'을 발표했다. 2008년 리먼 사태 이후 공화당에서 민주당으로 정권이 교체되면서 새로 출범한 오바마 행정부는 2009년 6월 '새로운 기반: 금융 감독 및 규제의 재확립(A New Foundation: Rebuilding Financial Supervision and Regulation)'이라는 이름의 개혁안을 발표했다. 이 개혁안은 그동안 미국에서 논의된 금융 개혁안들을 종합한 것으로, 1930년대 이후 약 80년 만에 나온 가장 근본적이고 대대적인 금융 규제·감독 개편안으로 평가받는다. 이를 토대로 재무성은 13개 법률로 구성된 '금융규제개혁법안'[2]의 초안을 작성하고 이

1 이 부분은 이형기(2010)와 이아름(2014)을 많이 참조했다.

2 '금융규제개혁법안'은 ① SIFIs를 연방준비제도이사회가 Tier 1 금융지주회사로 지정·감독하는 권한을 부여하는 법안, ② 헤지펀드의 등록제도 도입을 위한 법안, ③ CDS를 포함한 장외파생상품 거래 시장의 규제·감독을 강화하는 법안, ④ 신용평가회사 규제, 임원 보수 규제, 증권화 상품의 정량 보유 의무 도입을 위한 법안, ⑤ SIFIs의 파산정리에 관한 법안 등 13개 법안으로 구성되었다(이형기, 2010).

를 순차적으로 의회에 제출했다.

2009년 10월 27일에 미국 하원 금융서비스위원회와 재무성은 '2009년 금융안정강화법안(Financial Stability Improvement Act of 2009)'(이하 '금융안정강화법안') 초안을 발표했다. 이후 상원의 의견을 반영해 약간의 수정을 거쳐서 '2010년 미국금융안정회복법(Restoring American Financial Stability Act of 2010)'으로 재상정되었고, 결국 이 법안은 최종안을 제출한 바니 프랭크(Barny Frank) 하원의원과 상원 은행위원회(Senate Banking Committee) 의장인 크리스토퍼 도드(Christopher Dodd)의 이름을 따 '도드-프랭크 월스트리트 개혁 및 소비자보호법(Dodd-Frank Wall Street Reform and Consumer Protection Act)'(이하 '도드-프랭크법')으로 2010년 6월에 양원을 통과한 뒤 같은 해 7월 21일에 오바마 대통령의 서명을 받아 발효되었다.

'도드-프랭크법'의 주요 내용을 간단히 요약하면 다음과 같다. 첫째, 거시건전성 감독 강화를 위해 시스템 리스크를 감시하는 새로운 규제 당국으로 FSOC(Financial Services Oversight Council: 금융서비스감시위원회)를 설치하고, FSOC가 금융 안정성을 위협하는 금융회사 및 금융업무를 지정해 이를 엄격한 건전성 규제·감독하에 둔다. 둘째, 규모가 크고 복잡한 금융회사(비은행 금융기관 포함)에 대해서는 파산정리에 드는 비용을 납세자가 부담하지 않도록 주주 및 무담보채권자의 손실부담을 원칙으로 하여 우선 해당 금융회사의 자산 등으로 충당하도록 한다. 또한 이때 금융체계의 안정성을 보호할 수 있도록 FDIC(Federal Deposit Insurance Corporation: 연방예금보험공사)가 체계적인 방법에 입각해 파산정리를 실시한다. 셋째, 시스템적으로 중요한 금융시장 인프라(지불·청산·결제 기관) 및 금융기관의 지불·청산·결제 업무에 대해 엄격한 건전성 규제·감독을 도입한다. 넷째, 금융기관의 도덕적 해이를 줄이기 위해 증권화를 목적으로 양도 또는 매각된 대출 등의 신용 리스크에 대해 원칙적으로 10% 정량 보유를 의무화한다는 것이다.

애초에 오바마 정부의 금융 규제체계 개혁안에서는 일정 요건을 충족하는 대형 금융회사를 연방준비제도이사회가 'Tier 1 금융지주회사(Financial Holding Company: FHC)'로 지정하고, 연방준비제도이사회로 건전성 규제·감독 체계를 일원화할 방침이었다. 그러나 '금융안정강화법안'에서는 각 규제 당국의 장으로 구성되는 FSOC가 그러한 금융지주회사를 지정하도록 규정되었으며, 이와 함께 'Tier 1 금융지주회사' 개념이 폐지되었다. 그렇게 된 것은 연방준비제도이사회의 감독 권한 강화에 대해 의회를 중심으로 견제가 있었기 때문이다. 한편으로, 이미 금융위기를 막지 못했던 연방준비제도이사회가 그러한 감독 능력을 제대로 갖추고 있을지 의문시하는 견해도 있었다. 다른 한편으로, 중앙은행의 독립성과 관련한 측면에서, 연방준비제도이사회가 건전성 규제·감독자로서 담당하는 책무가 무거워지면 통화정책을 독립적으로 수행하는 데 악영향을 줄 수 있다는 우려가 제기되기도 했다. 다만 '금융안정강화법안'에서도 SIFIs에 대한 개별적인 감독은 연방준비제도이사회가 담당하도록 되어 있다(이형기, 2010).

SIFIs 지정을 연방준비제도이사회가 맡지 않는다는 점을 제외하면 개별 금융기관 감독이라는 연방준비제도이사회의 역할은 초안과는 실질적으로 큰 변화 없이 강화된 측면도 있다. 이상과 같이 '금융안정강화법안'에서는 앞서 재무성이 제안한 '금융규제개혁법안'과 비교할 때 몇 가지 중요한 방침이 변경되었으며, 이를 기초로 '도드-프랭크법'이 성안·발효되었다. '도드-프랭크법'은 총 16장으로 구성되며, 금융 규제·감독 체계 개혁, SIFIs에 대한 규제·감독 제도 개편, 투자자 보호 및 시장규율 강화를 골자로 한다. 특히 SIFIs에 대한 규제·감독 강화를 위한 새로운 조치들을 주요 내용으로 담고 있는 것이 이전까지 볼 수 없었던 특징이다. '도드-프랭크법'의 주요 내용을 좀 더 자세히 살펴보자.

금융 규제·감독 체계 개혁

미국 금융산업 내 중복 감독 및 감독 공백에 따른 폐해를 줄이기 위해 규제·감독 체계 개편 방안이 제시되었다. 이에 따라 FSOC와 CFPB(Consumer Financial Protection Bureau: 금융소비자보호국) 등이 신설되었으며, OTS(Office of Thrift Supervision: 저축기관감독청)가 폐지되고 연방준비제도이사회와 FDIC 등 기존 금융 감독기관의 역할도 일부 재조정되었다.

FSOC(금융서비스감시위원회) FSOC는 거시건전성 감독 강화를 위한 목적으로 설치되었다. FSOC는 재무장관을 의장으로 연방준비제도이사회 의장, OCC(통화감독청) 청장, SEC(증권거래위원회) 위원장, CFTC(상품선물거래위원회) 위원장, FDIC(연방예금보험공사) 총재, FHFA(연방주택금융청) 청장 등 투표권을 가진 10명의 위원과 투표권이 없는 5명의 보조위원으로 구성되며, 재무부 산하에 OFR(금융조사국)을 설치해 FSOC를 실무적으로 보좌하게 했다. FSOC의 중요한 역할의 하나는 금융서비스 시장을 감시하고 미국 금융체계의 안정성에 대해 잠재적인 위협을 식별하는 것이다. 또한 FSOC는 FSOC를 구성하는 각 규제 당국으로부터 정보를 수령하는 권한을 보유하는 동시에 개별 금융기관으로부터도 직접 보고를 받을 수 있다. 나아가 연방 규제 당국이 정한 건전성 규제에 대해서 권고를 할 권한도 보유하고 있다. 즉, FSOC는 시스템 리스크 규제 감독자로서의 지위를 가진다. 그리고 무엇보다 FSOC의 역할과 관련해 중요한 점 가운데 하나는 FSOC에 SIFIs를 '특정'하는 권한이 부여되어 있다는 것이다.

SIFIs를 지정하는 구체적인 기준은 ① 금융자산의 규모 및 성질, ② 부채의 규모 및 질(단기자금 조달의 의존도를 포함), ③ 부외거래 익스포저의 범위 및 질, ④ 다른 금융회사와의 거래 및 관계성의 범위 및 질, ⑤ 가계, 사업, 지방정부에 대한 신용 공급원, 금융체계의 유동성 공급원으로서의 중요성, ⑥ 업무의 질과 범위, 업무의 복잡성, ⑦ 기타 FSOC가 적절하다고 판단하는 요소 등이다.

금융회사가 SIFIs로 지정되면 연방준비제도이사회에 의해 일반 금융지주회사보다 엄격한 건전성 기준을 적용받는다. 즉, 금융지주회사에 대한 감독 권한을 가진 연방준비제도이사회가 SIFIs에 대한 개별적인 감독 권한을 보유하는 것이다. SIFIs의 건전성 기준으로는 ① 자기자본 규제, ② 레버리지 규제, ③ 유동성 규제, ④ 집중 리스크 규제, ⑤ 조기 시정 조치, ⑥ 파산정리 계획 책정, ⑦ 전체적인 리스크 관리 등이 있다.

시스템 리스크의 경감을 목적으로 SIFIs에 대해 자산과 부외 거래 항목의 매각 또는 양도, 금융업무에 따른 거래관계의 청산을 요구할 수 있는 권한을 연방준비제도이사회에 부여하고 있다. 즉, 규제 당국이 필요에 따라서 SIFIs의 규모와 업무 범위에 제한을 가할 수 있는 것이다.

CFPB(금융소비자보호국) 금융소비자 보호 업무의 효과적 수행을 위해 연방준비제도이사회 산하에 CFPB를 신설함으로써, 여러 기관에 산재해 있던 소비자 보호와 관련된 책임과 권한을 CFPB에 부여했다. CFPB는 연방준비제도이사회 산하이나 독립적으로 운영되고, 5년 임기의 국장은 대통령이 상원의 승인을 거쳐 임명한다. CFPB는 모든 금융기관에 대해 금융소비자 보호와 관련된 규제를 독자적으로 부과할 수 있고, 금융소비자에게 불리한 관행이 있을 때는 해당 금융기관에 신속한 조치를 요구할 수 있다.

연방준비제도이사회와 FDIC의 권한 확대 '도드-프랭크법'을 통해 연방준비제도이사회의 담당 영역과 권한이 확대되었다. 기존에 없었던 SIFIs에 대한 감독 업무와 중요 지급결제기관에 대한 리스크 관리 기준 제정 업무를 연방준비제도이사회가 맡게 되었으며, OTS가 폐지됨에 따라 저축은행 지주회사도 연방준비제도이사회에서 감독하게 되었다. 또한 정리 계획 요구, FSOC와의 협의를 통한 영업정리 명령 등의 권한도 강화되었다. 그러나 연방준비제도이사회의 권한이 강화된 만큼 그에 따른 책임을 강화하

그림 4-1
미국의 금융 규제·감독 체계

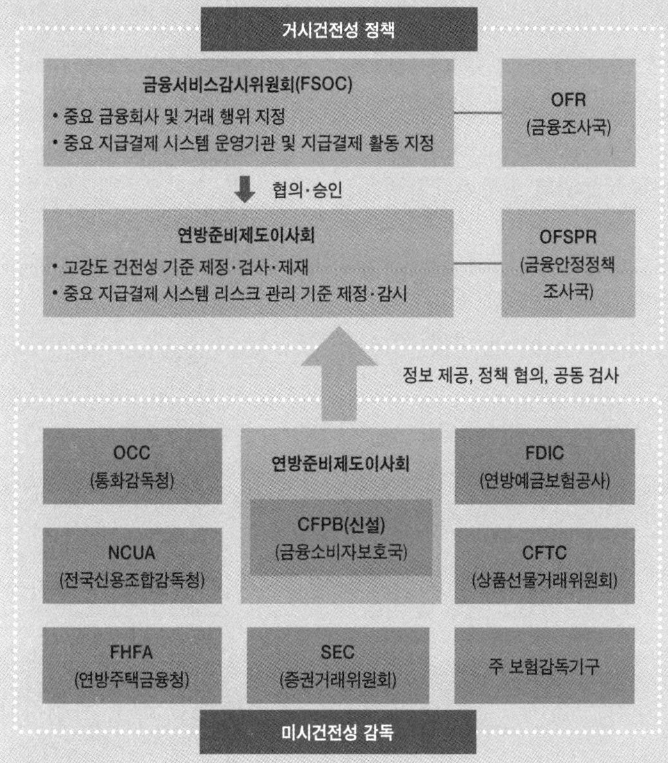

자료: 김기환(2013).

기 위해 연방준비제도이사회에 대한 정부의 통제권도 강화했다. 한편 GAO(Government Accountability Office: 연방감사원)가 금융위기 시 이루어진 긴급대출에 대한 특별감사를 실시하기로 했다. FDIC의 경우, 기존에 부보 금융회사로 한정되어 있던 FDIC의 청산·정리 권한 행사 대상을 비부보 금융회사로까지로 확대했다. 또한 예금보험 업무의 효과적 수행을 위해 FDIC의 정보 수집 기능을 강화하는 한편, 지급준비율의 상한선도 폐지했다. 이로써 정리 기구로서의 FDIC의 사후 정리 기능뿐 아니라 사전 감독 기능도 강화되었다.

SIFIs에 대한 규제·감독 제도 개편

SIFIs 강제 청산 절차　미국의 '파산법(Bankruptcy Code, Title 11 of United States Code)'에 따라 리먼브라더스의 파산을 정리하면서 큰 혼란이 발생하자, SIFIs 중에서도 예금보험 대상이 아닌 비은행(nonbank) 금융기관과 은행지주회사의 파산정리 절차를 체계적으로 정비할 필요성이 제기되었다. 이는 '파산법'에 따른 금융기관 파산정리가 채권자의 이익은 최대화하는 반면에 금융체계와 경제에 미치는 파급효과를 고려하지 않은 채 이루어지는 문제가 있다는 인식 때문이었다. '도드-프랭크법'에서는 이를 고려해 '파산정리 권한(orderly liquidation authority)'을 규정하고 있다. 파산정리 권한이 행사되는 대상은 SIFIs와 그 자회사로 규정되는데, 다만 SIFIs에는 대규모 은행지주회사도 포함되기 때문에 결국 시스템적으로 중요한 비은행 금융기관 및 은행지주회사도 대상이 된다.

파산정리 권한 조항에서는 파산정리의 결정 권한을 재무장관에게 부여하고 있다. 이에 따라 재무장관은 연방준비제도이사회나 적절한 규제 당국의 권고에 근거해 ① SIFIs가 파산 또는 파산 위기에 있거나, ② 해당 회사의 파산이나 기타 법률에 근거한 청산이 금융 안정성 또는 경제에 심각한 영향을 초래할 우려가 있거나, ③ 파산정리 권한 조항에서 규정하는 조치가 불가피하다고 대통령과 협의하에 결정할 경우, 관련 조항에 따라 조치를 취할 수 있다. 이때 재무장관은 FDIC를 '파산관재인' 또는 그보다 권한이 강한 '적격파산관재인'으로 선정하고 FDIC에 파산정리를 담당하도록 명할 수 있다. 파산관재인으로 선정된 FDIC는 파산 혹은 파산 위기에 있는 금융회사의 자산을 승계하고 주주·이사·집행력의 모든 권한을 쥐고 업무를 수행한다. FDIC는 대상 금융회사 및 자회사에 대해 융자와 채무 매입, 자산 매입, 채무보증 제공, 주식 지분 취득, 취득한 자산의 지분 양도 등을 행할 수 있다. 또한 FDIC는 파산 금융회사의 승계 회사로서 '가교 금융회사(bridge financial company)'를 설치할 수 있다. 이러한 권한은 기본적으로 예금취급기관 파산 시에 FDIC가 갖고 있는 '연방예금보험법(Federal Deposit Insurance Act: FDIA)'상의 권한을 비은행 금융기관의 파산정리에도 적용하는 것으로 이해된다.

장외파생상품 규제

2008년 주택담보대출 부실이 전 금융체계의 위기를 증폭시킨 원인으로 CDS 등 장외파생상품 시장 확대에 따른 시장의 불투명성 증가, 거래 상대방 리스크(counter-party risk)에 대한 체계적 대응 부족, 장외파생상품에 대한 규제·감독 미흡이 지적되면서, 중앙청산소(Central Cleaning Place House: CCP) 설립과 장외파생상품에 대한 효과적인 감독, 신생 파생상품의 표준화 촉진 등이 필요하다는 주장이 제기되어왔다. 이에 따라 '도드-프랭크법'에서는 표준화된 장외파생상품의 중앙청산소를 통한 청산, 비표준화 상품에 대한 높은 자본량 요구, 거래 잔액 및 거래 금액 공개, 중앙청산소의 지배구조에서 사외이사 확대 등을 규정하고 있다.

지불·청산·결제 기관 및 업무에 관한 규제·감독

여러 국가에 걸쳐 연결되어 있는 금융시장 인프라(지불·청산·결제 기관)는 참가자 및 금융체계의 리스크를 낮추는 기능도 하지만, 한편으로는 그러한 연계성 때문에 쉽게 리스크가 전이되어 대규모 리스크가 발생할 가능성도 안고 있다. 그러한 리스크에 대비해 '도드-프랭크법'에는 '2010년 지불·청산·결제 감독법(Payment, Clearing, and Settlement Supervision Act of 2010)'을 규정하고 있다. '지불·청산·결제 감독법'은 ① 금융시장 인프라 또는 금융기관의 지불·청산·결제 업무를 통한 거래 가격 총액, ② 금융시장 인프라에 대한 상대방·익스포저 총액, ③ 금융시장 인프라 또는 지불·청산·결제 업무에서 다른 금융시장 인프라 또는 지불·청산·결제 업무와의 관련성과 독립성, 기타 상호작용, ④ 금융시장 인프라 또는 지불·청산·결제 업무의 파산에 수반되는 시장, 금융기관, 금융체계에 대한 영향 등을 기준으로 FSOC가 시스템적으로 중요한 금융시장 인프라와 지불·청산·결제 업무를 특정하게 되어 있다.

이렇게 특정된 금융시장 인프라나 지불·청산·결제 업무에 대해서는 연방준비제도이사회의 규제가 부과된다. 이와 관련해 '2010년 지불·청산·결제 감독법'에서는 ① 리스크 관리 방침·절차, ② 증거금·담보물 요건, ③ 참가자나 상대방이 파산했을 때의 방침·절차, ④ 청산·결제를 적시에 완료하는 능력, ⑤ 특정 금융시장 인프라에 대한 자본·재무 요건 등을 규제 내용으로 다룰 수 있다고 규정한다.

증권화상품의 정량 보유 의무

'도드-프랭크법'에서는 '2009년 신용리스크보유법(Credit Risk Retention Act of 2009)'에 따라, 양도나 매각 등을 한 대출[ABS(자산담보부증권) 발행을 보증하는 공동대출 포함]의 신용 리스크의 일정 비율을 대주가 보유하고, 대출의 양도와 이관 등을 하는 증권화업자가 ABS 발행에 사용한 보증자산을 일정 비율 보유할 것을 요구한다. '도드-프랭크법'은 대주와 증권화업자에게 원칙적으로 양도나 매각 등을 한 대출금의 신용 리스크의 10%를 보유할 것을 요구하고 있다. 다만 대주가 적용한 신용인수 기준, 증권화업자에 의한 실사(due diligence)가 당국이 요구하는 기준에 적합한 경우에 규제 당국은 정량 보유 비율을 5% 이상, 10% 미만의 범위에서 인하해 적용할 수 있다. 반대로 기준에 부합하지 않을 때는 10% 이상 정량 보유를 요구할 수도 있다. 즉, 대주와 증권화업자에게 신용인수 기준과 실사를 개선하도록 인센티브를 부여한 것이다.

신용평가사에 대한 감독체계 개선

신용평가사가 위험등급을 부적절하게 평가하고 그러한 평가를 투자자들이 과신한 것이 세계금융위기를 불러온 원인 중 하나라는 인식에 따라, '도드-프랭크법'에서는 신용평가사에 대한 감독 및 처벌 등의 기능을 수행하는 기관(Office of Credit Ratings: OCR)을 설치해 연 1회 이상 이해 상충 관리나 내부 통계 현황 등을 조사하고 신용평가와 관련한 주요 사항을 공개하도록 규정한다. 또한 신용평가사가 신용등급 결정 프로세스를 감독하는 내부 통제 장치를 마련하고 신용평가와 관련한 사항을 더욱더 투명하게 공시하도록 규정하며, 지속적으로 부적합한 신용등급을 책정하는 신용평가사에 대해 등록을 취소할 수 있는 권한을 OCR에 부여한다. 한편 일반 채권 발행 시 신용평가사가 채권에 부여한 신용등급은 절대적 의무가 아니라 단순 참고에 해당하도록 하며, 등급 부여로 신용평가사가 부담할 수 있는 법적 책임을 완화하도록 한 증권법 조항은 유지하되, ABS 발행 시에는 신용평가사가 전문가 책임(expert liability)을 지도록 신용평가사에 동의서를 청구할 것을 규정했다.

또한 신용평가사에 대한 의존도를 낮추기 위해, 연기금 등 기관투자자의 투자정책 등에서 신용등급을 참조하는 것을 의무화하는 각종 법적 규제를 없애는 한편, 신용평가사에 대한 소송이 용이하도록 소송 기준을 대폭 완화했다.[3]

금융기관의 고위험 투자 등 영업 행위 제한(볼커룰)

미국 대형 금융기관의 위험 투자를 제한하는 것을 목적으로 입안된 '볼커룰(Volcker Rule)'은 2013년 12월에 미국 감독 당국의 승인을 받고 2014년 1월에 미 의회의 승인을 거쳐 2014년 4월에 발효되었다. 발효된 볼커룰은 유예기간을 거쳐 2015년 7월 22일부터 본격 시행되었다.[4] 볼커룰은 금융기관이 고위험 영업 행위보다는 본질적인 자금 중개 기능에 충실하도록 유도하고, 대형 금융기관의 도덕적 해이가 시스템 리스크로 이어지는 것을 차단하기 위해 제정되었다. 볼커룰은 은행과 그 자회사, 금융지주회사, 그 밖에 연방준비제도이사회의 감독하에 있는 비은행 금융기관들의 고위험 자기자본거래를 금지하며, 헤지펀드나 사모펀드의 운용과 이에 대한 투자 규모도 엄격하게 제한한다. 자기계정거래나 규제 대상 펀드 투자 등과 관련한 금융기관이 볼커룰을 준수하고 있는지를 입증하는 준법감시 프로그램을 유지하고 개선하는 의무도 규정하고 있다.

3 신용평가사 신용등급을 정하는 과정에서 마땅히 해야 할 자료 조사를 의도적으로 또는 부주의로 수행하지 않았음을 입증해야 할 때, 혹은 제3기관이 제공한 자료에 대해 합리적 검증을 의도적으로 또는 부주의로 수행하지 않았음을 입증해야 할 때 해당 신용평가사에 대해서 소송을 제기할 수 있도록 규정했다.

4 다만 연방준비제도이사회가 일부 파생상품에 대한 볼커룰 적용 시점을 2년 더 유예하기로 하면서 전면 시행은 사실상 2017년으로 미뤄진 상태다.

영국의 금융 감독체계 개혁[5]

영국은 세계금융위기 이후 두 차례에 걸쳐 금융 감독체계를 개편했다. 세계금융위기 당시에 집권당이었던 노동당 정부하에서 1차 개편(2009~2010년)이 있었고, 2010년 보수당으로 집권당이 바뀌면서 2차 개편(2010~2012년)이 이루어졌다.

1차 개편(2009~2010년)

1997년 10월 영국 FSA(Financial Services Authority: 금융감독청)가 설립될 당시 영국 재무부(HM Treasury), 영란은행(Bank of England: BoE), FSA는 '재무부, 영란은행, FSA의 관계에 관한 양해각서'[6]를 발표했다. 여기에는 세 당사자 간 책임 분담을 명시하고, 금융 안정이라는 공동의 목표를 달성하기 위한 방안 등을 담았다. 이때부터 영국은 금융 규제·감독에서 FSA, 재무부, 영란은행의 3자 규제체계를 채택해왔다.

하지만 영국은 미국 서브프라임 모기지 사태에 앞서 2007년에 이미 노던록(Northern Rock) 은행의 예금 인출 사태 등 금융위

5 이 부분은 이형기(2010), 국가미래연구원(2013), HM Tresury(2011), 오성근(2014)을 많이 참조했다.

6 HM Treasury, Bank of England and Financial Services Authority, "Memorandum of Understanding between HM Treasury, the Bank of England and the Financial Services Authority"(1997), http://www.bankofengland.co.uk/financialstability/Documents/mou.pdf

기를 겪기 시작했고, 2008년 미국발 금융위기와 더불어 대형 금융기관들이 부도 위기에 빠지면서 심각한 금융위기가 금융체계 전반으로 확산되었다. 이에 따라 영국에서도 금융 감독체계에 대해 비판 여론이 높아졌다. 재무성, 영란은행, FSA 등을 통해 이루어진 금융 감독체계가 상호 유기적인 협력 관계를 형성하지 못하고 감독 주체 간 담당 업무와 권한, 책임이 불분명한 탓에, 은행 시스템의 과도한 레버리지를 차단하지 못하고 위기 국면에서도 효과적으로 대응할 수 없었다는 것이다.

이러한 인식을 바탕으로 영국의 정부와 국회 등에서는 금융 감독체계 개편안을 발표했다. 정부는 우선 2009년 2월 '은행법(Banking Act 2009)'을 개정하면서 '금융체계 안정성 보호 및 강화'를 영란은행의 업무 목적 중 하나로 명시하고 이에 대한 통제 장치를 마련했다. 금융 안정을 위해서 영란은행이 재무부, FSA와 적극적으로 협조하고, 영란은행 이사회가 재무부와 협의해 정책 수단을 검토하고 결정하게 했다. 그리고 영란은행 이사회 의장을 재무장관이 지명하게 함으로써 영란은행에 대한 재무부의 통제 기능을 강화했다. 또한 영란은행 내에 FSC(Financial Stability Committee: 금융안정위원회)를 신설해 금융 안정 전략 및 금융 안전 관련 권한 행사에 대해 논의하도록 했다. 이 밖에도 투자은행 등의 파산정리를 '도산법(Insolvency Act 1986)'이 규정한 바에 따라 처리할 수 있도록 특별파산처리제도(Special Resolution Regime: SRR)를 도입했다.

2009년 6월에 상원 경제분과위원회는 '은행 감독과 규제'[7]라는 보고서를 통해 영란은행에 거시건전성 감독 권한을 부여하고

FSC를 거시건전성 감독 관련 집행기구로 확대하는 방안을 제시했다.

이에 앞서 FSA는 2009년 3월에 금융 규제체계 개혁 방침을 제시하는 '터너 보고서'를 발표하고 금융기관의 보수 규제나 유동성 규제에 관한 새로운 규제 도입을 논의했다. 또한 영국 정부는 '2009년 은행법'에서 특별파산정리의 틀을 마련하고, 7월에는 재무성에서 '금융시장 개혁'[8]이라는 제목으로 영국 금융제도 개혁에 관한 제언서를 발표했다. 이와 더불어 재무성이 중심이 되어 투자은행의 파산정리 구조 정비와 금융기관에 의한 파산정리 계획('living will') 책정에 관한 규제도 제시했다. 2009년 말 공표된 '2010년 금융서비스법(Financial Services Act 2010)'은 재무성이 7월에 공표한 제언서 등을 기초로 더욱 폭넓은 제도 개혁을 제시하는 것이었다.

7 House of Lords Select Committee on Economic Affairs, "Banking Supervision and Regulation(vol. I, II)"(2009), http://www.publications.parliament.uk/pa/ld200809/ldselect/ldeconaf/101/101i.pdf (vol. I); http://www.publications.parliament.uk/pa/ld200809/ldselect/ldeconaf/101/101ii.pdf (vol. II)

8 HM Treasury, "Reforming Financial Markets"(2009), https://www.gov.uk/government/uploads/system/uploads/attachment_data/file/238578/7667.pdf
이 제언서는 2007~2008년 금융위기의 원인을 분석하고 정부와 관련 당국의 대응 방안을 설명하는 동시에, 규제 당국의 기능 강화, 시스템적으로 중요한 기관 관리, 시스템 리스크 관리, 국제적 공조, 소비자 보호 및 지원 등과 관련한 규제 개혁 방침을 언급한다.

터너 보고서 '터너 보고서'[9]는 기존의 금융 감독체계에 대해 몇 가지 비판을 제기했다.

첫째, 영란은행은 물가 목표에 필요한 금융정책의 분석에 중점을 두는 경향이 강하며, '금융 안정 보고서'를 내면서 훌륭한 분석 작업을 수행하더라도 그것이 정책에 충분히 반영되지 못한다.[10] 둘째, FSA는 개별적인 금융기관을 감독하는 데 너무 집중한 나머지, 시스템적 위험에 대한 감독은 불충분한 경향이 있다. 셋째, 거시건전성 분석에 필요한 필수 작업, 거시건전성 수단에 대한 정립과 이용 등을 놓고 영란은행과 FSA 양자 간에 책임 소재가 불분명하여 규제 영역에 틈이 생기고 있다. 즉, 거시건전성의 관점에서 금융체계 전체의 안정을 추구하는 역할을 담당하는 기관이 부재한 상태다. 넷째, 금융위기의 원인이 위험성이 높은 증권화 모델에 있는데도 전통적인 소매상업은행과 투자은행을 명확히 분리해 규제하고 있지 않다.

이러한 비판과 제언에 따라 정부는 금융 감독기관의 권한 강화와 세 감독기관 간 비상설 협의체를 CFS(Council for Financial Stability: 금융안정협의회)로 확대하는 등의 내용을 담은 금융시장 개혁 방안을 앞서 말한 '금융시장 개혁' 보고서에 담아 발표했다.

워커 보고서 '워커 보고서'[11]는 은행과 비은행 금융기관의 업무

9 Financial Services Authority(FSA). "The Turner Review: A Regulatory Response to the Global Banking Crisis"(2009), http://www.fsa.gov.uk/pubs/other/turner_review.pdf

10 이는 현재 한국은행에도 똑같이 적용될 수 있는 비판이라 생각된다.

속성의 차이점, 펀드매니저와 대주주가 수행해야 하는 최선의 관행(best practice), 이사회 또는 지배구조 평가, 보수위원회 및 금융감독기구의 역할 등을 검토했다. 이에 따라 기업 지배구조의 중요성과 보수제도 개혁 등을 강조했다. 특히 보수와 관련해서 보수위원회(remuneration committee)는 회사의 급여, 고용 환경, 보수정책, 최고 고액 연봉자의 성과에 대해 충분히 알고 있어야 하고, 보수위원회의 보고서에는 이사 또는 최고 고액 연봉자가 회사의 이익을 향상시킬 권리 또는 기회를 갖고 있는지에 관한 내용이 포함되어야 한다고 지적했다. 정부는 이러한 '워커 보고서'의 상당 부분을 '2010년 금융서비스법'에 반영했다.

2010년 금융서비스법

영국 정부는 '터너 보고서'와 '워커 보고서'에서 제기된 내용을 토대로 '2010년 금융서비스법'을 제정했다. 주요 내용을 간추려 소개하면 다음과 같다.

먼저, '2000년 금융서비스시장법'에 정의되어 있던 금융 감독기구의 규제 목적에 '금융 안정(financial stability)'을 새로 추가했다. 또한 인가사업자 업무집행자의 보수(remuneration of executives of authorised persons)에 관한 별도 규정을 두고, 재무부에는 업무

11 David Walker, "A Review of Corporate Governance in UK Banks and Other Financial Industry Entities(Final Recommendations)"(2009), http://webarchive.nationalarchives.gov.uk/+/http:/www.hm-treasury.gov.uk/d/walker_review_261109.pdf

집행자에 관한 보수 보고서 작성과 승인·공시에 관한 규정을 제정할 권리를, 금융 감독기구에는 보수 방침을 정하고 행동 규칙을 제정할 수 있는 권한을 부여했다. 또한 ‘회복 및 파산 계획(Recovery and resolution plans)’에 관한 규정을 둠으로써 인가사업자별로 회복 및 파산 계획을 작성하고 항상 최신 상태를 유지하도록 규칙을 제정할 권한을 금융 감독기구가 행사하도록 규정했다. 공매도(short selling)에 관한 규제도 강화하여, 특정인이 관련 금융상품과 연관된 공매도에 종사하는 것을 금지하는 규정을 금융 감독기구가 정할 수 있게 했다. 한편 FSA의 징계 권한을 강화하고, 소비자 구제제도와 금융서비스 보상제도도 개선했다.

거시건전성 감독 강화 ‘2010년 금융서비스법’은 미국과 비슷하게 재무장관을 의장으로 하여 FSA 의장, 영란은행 총재로 구[illegible]는 CFS 설치를 규정하고 있다. 이러한 새로운 [illegible]경에는 거시건전성을 강화하겠다는 의지가 담겨 있다[illegible]시건전성 감독을 감독 당국이 담당하는 감독정책과 중[illegible]에 의한 금융정책의 중간 영역에 존재하는 정책 분[illegible]기 때문인 것이다. 앞서 [illegible]급했듯이 ‘터너 보고서’에서[illegible]융위기를 계기로 대두된 거시건[illegible]강화 필요성과 관련[illegible], 기존의 금융 감독체계에서 영란은행이 물가안[illegible] 대표되는 금융정책에 초점을 맞추고 FSA가 개별 금융기관의 감독에 초점을 맞춘 탓에 금융체계 전체를 감독하는 데에는 소홀했다는 점을 지적했다.

한편 거시건전성을 강화하는 방안으로 ‘터너 보고서’에서는 FSA와 영란은행의 공동위원회 설치가 논의된 반면, 재무성의 제언서에서는 FSA와 영란은행에 재무성을 포함한 CFS 설치가 제안되었다. CFS의 책무로는 영국의 금융체계 안정성에 영향을 미치는 요소 감시와 금융체계 안정성 유지·개선에 필요한 협조 도모 등이 규정되었다. 특히 글로벌 금융과 영국 금융체계와의 관계를 고려해 국외 금융 상황이나 환경이 영국의 금융체계 안정성에 미치는 영향을 감시하고, 영국의 금융체계 안정에 관한 국제적인 금융 규제·감독을 구축하기 위한 정책 협조를 도모할 것을 강조했다. 이와 더불어 CFS의 구체적인 기능은 FSA와 영란은행의 협의를 거쳐 재무성이 문서로 세부 내용을 정하도록 규정했다. 재무성의 제언서 초안에서는 CFS의 역할을 금융체계 안정성을 위한 모니터링과 협조 도모를 위한 조직으로 정의하면서, 영란은행이나 FSA에 요구되는 금융 안정을 위한 전략에 대해서는 지속적으로 영란은행과 FSA가 결정권을 보유하되, 이에 대해 CFS가 평의체로서 관여하도록 규정하여 상호 협력과 견제 기능을 강화하고자 했다.

파산정리 계획 '2010년 금융서비스법'에서는 FSA의 인가를 받은 금융기관, 즉 인가사업자가 회생 계획(recovery plan) 및 파산정리 계획(resolution plan)을 작성하고 이에 관한 일반 규칙을 정할 권한을 FSA에 부여할 것을 규정했다. 회생 계획은 금융기관의 영업 수행 능력이 취약해진 상황에서 어떤 방법을 취할 것인가를 사전에 규정해둠으로써 파산 가능성을 줄이는 것을 목적으로 하며, 파산정리 계획은 금융기관의 영업 수행 능력의 회복이 불가능할 시 또는 파산 가능성이 있을 때에 취할 조치를 미리 정하는 것이다. '2010년 금융서비스법'에 따르면, 인가사업자가 책정한 회생 및 파산정리 계획이 FSA가 정한 규칙에 비추어 만족스럽지 못한 경우에는 FSA가 계획 개선을 포함한 적절한 조치를 취할 수 있다. 회생·파산정리 계획 책정 대상에는 모든 인가금융기관 또는 일정한 조건에 해당하는 금융기관을 포함시킬 수 있으며, 모든 금융기관을 대상으로 할지, 일부 금융기관만 대상으로 할지는 FSA가 정하는 규칙에 따라 결정하게 된다.

임직원 보수 영국의 금융 규제 개혁 논의에서는 금융기관 임직원 보수에 대한 규제 강화를 포함한 기업 지배구조 개혁의 필요성이 다른 나라에서보다 더 강조되었다. 이는 금융기관의 기존 보수체계가 임직원이 더 많은 투기와 리스크를 택하도록 유인하는 요인이 되었다는 인식에 따른 것이다. 다시 말해, 마치 "동전 앞면이 나오면 내가 이기고 뒷면이 나오면 당신이 진다"는 식으로, 임직원이 위험성 높은 투자나 대출을 하더라도 이익이 나면 보수를 더 받고, 손실이 나면 임직원 자신이 아니라 고객이나 주주, 혹은 국가가 그 부담을 지게 될 뿐 자신은 손해 볼 것이 없는 보수체계가 그동안 금융기관의 도덕적 해이와 위험자산 투자를 부추겼다고 본 것이다. 이러한 인식에 따라 영국의 '2010년 금융서비스법'에는 금융기관의 보수 규제에 관한 조항이 포함되었다.

해당 조항에 따르면, 재무성은 금융기관에 대해 임직원에게 지급한 보수에 관한 보고서를 책정하고 이를 승인·공시할 수 있다. 이미 영국에서는 상장회사에 '이사회 보수에 관한 보고서(directors' remuneration report)'를 책정해 공표할 것을 요구해왔는

데, 새로운 규정에 따라 금융기관에 대해서는 보고서 적용 대상을 상장회사 이외의 범위까지로 확대하고, 이사 이외에 일정 수의 임원 및 종업원도 대상에 포함시켰다. 구체적으로, '금융기관 임원', '특정 종업원', '기타 금융기관 관계인'이 그 대상이 되어 이들의 보수에 관한 정보를 보고서에 담아 제출해야 한다. 단, '특정 종업원'에 대한 구체적인 조건은 규정되어 있지 않다. '금융기관 관계인'이란 금융기관에 서비스를 제공하는 개인 이외에 금융기관 그룹의 임원·종업원을 지칭하며, 금융기관 모회사의 임직원도 보고 대상에 포함된다. 보고서에는 임원의 보수와 기타 일반 종업원의 보수를 비교한 정보도 기재하도록 되어 있다.

한편 FSA가 정한 보수에 관한 일반 규칙에 따르면, 금융기관은 보수정책을 책정해야 하며, 이때 효과적인 리스크 관리나 CFS의 건전한 보수 관행에 관한 FSA의 원칙에 관련된 적용 기준과 합치하도록 보수 지급 기준을 마련해야 한다고 되어 있다. 금융기관의 보수정책이 제반 규칙을 충족하지 못한다고 판단될 때에는 FSA가 해당 금융기관에 대해 보수정책 개정을 포함한 조치를 취할 수 있다.

공매도 규제 '2010년 금융서비스법'에서는 FSA의 새로운 규제 권한으로 공매도 금지 또는 공시를 요구하는 권한을 부여했다. FSA는 특정한 경우 금융상품의 공매도를 금지하는 규칙이나 공매도에 관한 특정 정보 공시를 요구하는 규칙을 정할 수 있도록 되어 있었다. 공매도 규제 대상은 금융기관에 한정되지 않고 모든 거래 당사자를 포함한다. 또한 영국 외의 거래 당사자가 영국

외에서 공매도를 행할 때에도 영국 시장에서의 거래로 인정되는 '영국의 금융상품(UK financial instrument)'이라면, FSA의 공매도 규제 대상이 되었다.

FSA는 공매도 규제를 위반했을 때 징계 또는 견책 처분을 내릴 수 있다. 더 나아가 영국 금융체계의 신뢰성을 유지하고 안정성을 보호하기 위해 필요한 경우에 원칙적으로 3개월간(최장 6개월간)의 긴급조치로서 FSA가 통상 협의의 과정을 거치지 않고 공매도에 관한 규칙을 새로이 규정할 수 있도록 법안을 수정·보완했다.

FSA의 권한과 기능 '2010년 금융서비스법'은 FSA의 권한과 기능을 확충·강화하기 위한 규정을 담고 있었다. 우선 FSA의 일반적인 의무인 금융 규제·감독의 목적이 확대되었다. FSA의 설치법인 '2000년 금융서비스시장법(Financial Services and Markets Act 2000)'에서는 FSA의 규제 목적을 '시장 신뢰', '대중 인지', '소비자 보호', '금융 범죄 축소' 등으로 규정했다. 하지만 '2010년 금융서비스법'에서는 거시안정성 강화의 관점에서 FSA의 규제 목적에 '금융 안정'이 추가되었다.

또한 FSA의 규제 목적으로 규정된 '대중 인지'를 더욱 구체적으로 도모하기 위해 '금융에 관한 대중의 이해 향상'으로 규제 목적을 변경했다. 이와 더불어 '2010년 금융서비스법'에서는 금융에 대한 소비자의 이해도를 높이고 소비자가 스스로 금융 문제를 관리할 수 있는 능력을 향상시키기 위해 FSA가 '소비자 금융 교육기관(Consumer Financial Education Body)'을 설치할 것을 규정했다.

나아가 '2010년 금융서비스법'에서는 FSA의 징계 권한을 강화했다. 예를 들어, 규칙을 위반했다고 판단되는 금융기관에 대해 최대 12개월간 규제 업무 인가를 정지하거나 업무에 제한을 부과하는 권한을 FSA에 부여했다.

소비자 보호 강화 소비자 보호 강화는 금융위기 이전부터 영국 정부가 추진해온 과제였으나 금융위기를 계기로 확실히 도입되게 되었다. 그중에서도 대표적인 것이 동일한 금융상품 및 금융서비스 관련 피해를 당한 소비자를 대표하는 대표자를 통해 소송을 진행하여 판결에 따라 집단적으로 보상을 받을 수 있는 '집단소송제도'의 도입이다.

한편 '2010년 금융서비스법'에서는 금융기관이 소비자 구제제도를 정비할 것을 요구하고 있다. 구체적으로, 금융기관이 광범위하게 또는 일상적으로 규칙을 준수하지 못한 결과로서 소비자가 손실을 입거나 피해를 당해 법정소송을 제기하면 구제나 보상을 받을 수 있도록 금융기관이 소비자를 직접 구제하는 제도를 도입할 것을 규정하고 있다.

2차 개편: '2012년 금융서비스법' 제정에 따른 금융 감독체계 재개편

노동당 정부하에서 추진된 금융체계 1차 개편은 2010년 5월에 열린 총선에서 보수당과 자유당이 다수 의석을 차지해 연립정부를 구성하면서 새로운 전기를 맞았다. 13년 만에 집권한 보수당 중심의 연립정부는 곧바로 FSA 해체라는 개편안을 꺼내들었다. 노동당이 1998년에 집권한 직후 FSA를 신설해 중앙은행으로부터 금융기관에 대한 감독 권한을 분리한 지 12년 만이다.

노동당 정권하의 영국 정부는 '2010년 금융서비스법'을 제정함으로써 금융위기에 대한 정책적 조치를 매듭지으려고 했다. 하지만 통합 감독체계 도입을 반대하던 보수당과 자민당의 연립으로 데이비드 캐머런 정부가 들어선 뒤 새로운 정부의 조지 오스본(George Osborne) 재무장관은 개별 금융기관 감독 권한을 영란은행으로 환원하고 FSA를 해체하는 등의 새로운 근본적인 개혁 방침을 발표했다. 이에 따라 영국 정부는 그간의 금융 감독체계 작동 현황을 재검토하고 개편 필요성에 관한 연구에 돌입하는 등 본격적인 금융 개혁에 착수했고, 이듬해에 '2012년 금융서비스법(Financial Services Act 2012)'을 마련했다. 이 법은 2012년 1월에 의회에 제출되었고 12월에 의회의 동의를 얻어 2013년 4월부터 시행되었다. 영국의 새로운 금융 감독체계의 근거 법률인 '2012년 금융서비스법'에 의거해 FSA가 해체되고 FPC(Financial Policy Committee: 금융정책위원회), PRA(Prudential Regulation Authority: 건전성규제기구), FCA(Financial Conduct Authority: 금융행위감독기구) 등 세 기구가 설립되었다.

FPC는 영란은행 내에 설립되어 영국의 금융체계 안정성과 거시건전성 감시를 담당한다. PRA는 영란은행의 자회사로 설립되어 미시건전성 규제를 감독하는 기능을 담당한다. 이를 위해 PRA는 은행과 보험사, 그 밖에 시스템적으로 중요한 대형 투자회사(broker-dealer)[12]를 감독하고 지주회사에 대해 정기적으로 자료를 제출할 것을 요구할 수 있으며, 감독에 따르지 않을 때에 제재할 수 있는 포괄적인 명령권을 지닌다. FCA는 소비자 보호 및 시장 규제를 담당하는 독립된 규제 당국으로, 은행과 보험을 제외한 금융기관에 대한 감독권을 보유하며 브로커, 헤지펀드, 자산운용 등을 통합하는 감독기관으로 되어 있다. FCA는 금융기관의 정보 공시, 판매 절차, 금융상품 설계 및 지배구조에 문제가 있다면 판매를 금지하는 등 규제를 가할 수 있다. 다만 금융기관이 PRA와 FCA의 규제를 동시에 받으면서 느낄 부담을 줄이고자 양 감독기관 업무를 효과적으로 조율할 수 있는 여러 절차도 마련되었다.

'2012년 금융서비스법'에 의거한 개편의 특징으로 영란은행 중심의 감독체계를 들 수 있다. 영란은행은 FPC를 내부에 두고 건전성 규제를 담당하는 PRA를 자회사로 두면서 거시건전성과 미시건전성 양 측면에 대한 감독 권한을 가지고 기능을 수행하게 되었다. '2009년 은행법'에 따라 제정된 특별파산처리제도(SRR)와 '2012년 금융서비스법'에 따른 파산처리를 포함하는 위기관리에 관한 책임 역시 영란은행에 부여되었다. 또한 영란은행은 지급결제 시스템과 중앙청산기관(UK Clearing House)에 대한 감독권도 부여받았다. 그런데 '2012년 금융서비스법'에 따라 영란은행 내에 감시위원회(Oversight Committee)가 설치되고, 재무부에 성과 보고서를 제출하고 감독을 받는 등 재무부가 영란은행에 대해 감

12 골드만삭스, 모건스탠리, 시티, UBS, 크레디트 스위스, 노무라, 미쓰비시 등이 포함된다.

독하고 개입할 수 있는 여지도 과거보다 확대된 것이 사실이다. 금융 규제 측면에서 재무부는 금융서비스 전반에 대한 법률 제정 권한을 가지고 있다.

2차 영국 금융 감독체계 개편의 핵심은 금융기관에 대한 거시건전성 및 미시건전성 감독 권한을 영란은행으로 이관하고 그 산하에 금융 영업 행위에 관한 규제·감독 기관을 신설하는 것이다.[13] 이는 영란은행이 통화정책을 담당하고 FSA가 금융기관 감독을 담당하던 기존 체계에서 금융 부문 전체의 시스템 리스크에 대한 책임소재가 불명확했다는 판단에 따른 것이라 할 수 있다. 특히 새로 설립된 FPC는 거시건전성 관련 정책에 관한 최고의사결정기구로서의 역할을 수행하도록 했다. FPC는 금융 부문의 복원력을 강화하기 위해 시스템 리스크를 포착·감시·해소하는 것을 목적으로 하는데, 이러한 목적을 달성하기 위해 FPC는 PRA와 FCA에 대해 규제 조치의 실행과 거시건전성 수단의 이행을 지시할 수 있는 권한을 지닌다. FPC는 금융체계 전반의 안정을 위해 거시건전성 규제를 담당하며 의장은 영란은행 총재가 맡는다. 한편 PRA는 종전의 FSA와 같이 은행, 보험회사, 일부 투자회사 등

13 필자가 2005년 주영국대사로 부임한 직후 머빈 킹(Mervyn King) 당시 영란은행 총재를 방문해 영란은행의 역할 및 통화정책과 관련해 환담하던 중, 킹 총재는 영란은행이 감독 권한을 갖지 않고 금융시장 안정에 직접적인 책임을 지지 않는 것이 오히려 필요하다는 의견을 피력한 바 있다. 이를 통해 짐작하건대, 영국 새 정부의 연립내각 및 재무부가 주도한 2012년 금융서비스업 개편 방향은 머빈 킹 총재와 영란은행의 뜻과는 달랐을 것으로 보인다. 머빈 킹 총재는 2013년 1월 1일에 영란은행 총재직을 그만두었으며, 후임으로 마크 카니(Mark Carney)가 임명되었다.

의 안전성 및 건전성 유지를 위한 감시와 조기 대응 조치 등 미시 건전성 감독을 담당하는 조직이다. 중앙은행 산하에 놓이지만 독립성은 유지될 예정이다. PRA의 수장은 총리와 재무장관의 추천을 받아 여왕이 임명하고, FCA의 수장은 재무장관이 임명한다.

애초 'CPMA(Consumer Protection and Markets Authority: 금융소비자보호시장청)'로 명명되었다가 이후 이름이 바뀐 FCA는 법에 의거해 금융 행위에 대한 강력한 규제 권한을 가진다. 은행, 보험회사, 투자회사, 기타 금융서비스 공급자, 브로커, 펀드매니저 등을 대상으로 금융소비자 보호, 시장 감독 및 규제, 금융기관 영업 행위 규제, 또한 시장 지배력 남용 행위에 대한 각종 민형사상 조치를 취할 수 있다. 예를 들어, FCA는 금융소비자 보호와 시장 질서를 유지하기 위해 금융기관의 금융상품 취급을 금지하거나 최대 12개월간 정지시킬 수 있고, 은행이나 브로커, 개인 등에게 선제적 제재도 가할 수 있다. 특히 이때 투자자가 불의의 피해를 당하지 않도록 특정 금융기관에 대한 제재 계획을 미리 알리는 기능도 한다. 한편 영란은행 산하의 FPC와 PRA 두 조직은 물론 FCA도 업무를 효율적으로 수행했는지 등에 대해 감사원의 감사를 의무적으로 받게 되어 있다.

2012년 금융 감독체계 개편 이후 영란은행은 기존의 개입주의적 감독 행태를 답습하기보다는 거시경제 현상을 파악하고 금융회사의 정보 공시 기준을 강화하는 방향으로 새로운 감독체계를 운용한다는 방침을 밝혔다. 이는 과거 FSA는 물론 미국의 연방준비제도이사회 등에서 행해온 감독 방식, 예컨대 금융기관 본부에 조사관을 대거 파견해 회계장부와 재무현황을 검사하고 임원을 상대로 경영실태 등을 추궁하는 식으로 이루어진 기존 감독 방식과는 다른 것이다. 잠재적인 시스템 리스크를 사전에 감지해 금융체계의 안정성을 도모하는 데 감독 역량을 집중하겠다는 취지로 볼 수 있다.

그런데 영국 정부가 추진 중인 이러한 새로운 금융 감독체계를 놓고 일선 금융기관에서는 감독기관의 업무가 중복되어 혼선이 예상된다며 우려를 나타내기도 한다. 중앙은행 산하 조직으로 미시건전성 감독을 맡는 PRA와 독립기관으로 감독 업무를 맡는 FCA의 업무가 중첩된다는 것이다. 예컨대, PRA는 영국 내 금융회사 2만 9000여 개 가운데 규모가 큰 2200여 개의 금융기관의 건전성만을 감독하고, FCA는 나머지 2만 7000여 개 금융기관에 대한 건전성 감독과 금융 영업 행위를 감독하게 된다. PRA의 감독을 받는 2200개 금융기관의 영업 행위에 대한 감독은 FCA가 담당하게 되어 시장에서는 업무 중복에 따른 혼선과 사안에 따른 기관별 해석 차이 등 혼선이 빚어질 것으로 우려하고 있다. 다른 한편으로 금융 감독체계가 제도상의 문제라기보다는 이를 어떻게 운용할 것인지가 더 중요한 문제인데도 보수당이 정치적 목적에 따라 막대한 사회적 비용을 들여가며 FSA를 FCA로 사실상 이름만 바꾼 것이 아니냐는 비판도 있다.

2013년 은행산업개혁법 영국 정부는 감독체계 개편과 더불어 은행 개혁을 중점적으로 다루는 위원회를 가동했다. 2010년에 발족한 ICB(Independent Commission on Banking: 독립은행위원회)와 2012년에 설립된 PCBS(Parliamentary Commission on Banking Standards:

그림 4-2
영국의 새로운 규제·감독 체계

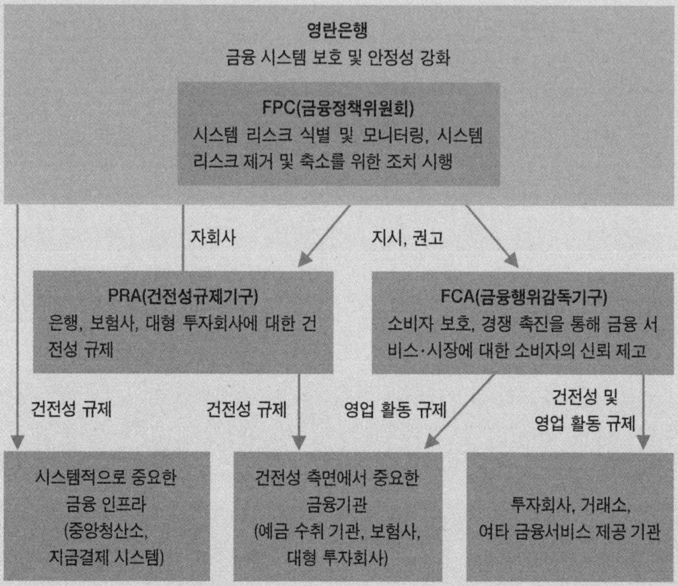

자료: 한국은행(2014).

의회은행영업기준)가 그것이다. 조지 오스본 재무장관의 요청에 따라 영국 은행들의 금융 안정성과 경쟁력 향상을 목적으로 개혁안을 마련하기 위해 조직된 ICB는 2010년 9월, 2011년 4월과 9월 세 차례에 걸쳐 보고서를 제출했다. ICB는 최종 보고서에서 과도한 위험부담을 수반하는 인센티브 억제, 금융위기에 대응하는 비용 절감, 은행 서비스 경쟁 촉진, 금융 부문의 경쟁력, 비은행 부문에 대한 개혁안 고려 등의 원칙을 확립할 것을 권고하고, 특히 금융기관 간 경쟁 촉진 및 소비자 보호를 강화하기 위해 FCA와

PRA 등의 감독 기능을 강화할 것을 제언했다. 이후 2012년 6월에는 ICB의 권고 사항을 바탕으로 은행산업의 개혁 방안을 담은 백서[14]가 발간되었다.

한편 영국 의회의 PCBS도 2013년 6월에 은행산업 개혁 방안 등을 담은 보고서[15]를 발표했다. 이 보고서에서는 개인의 책임성 강화, 지배구조 개혁, 경쟁과 장기 금융 안정을 중점으로 한 개선 방안을 제시했다. 특히 은행 고위직의 부주의한 행위에 대한 형사처벌 강화, 보너스 지급 연기 또는 취소 등 개인에 대한 책임을 대폭 강화한 것이 특징이다.

이상과 같은 ICB와 PCBS의 권고안을 바탕으로 약 3년에 걸쳐 만들어진 영국 정부의 '은행산업개혁법안(Banking Reform Bill)'은 2013년 12월 여왕의 재가를 받아 '2013년 은행산업개혁법[Financial Services (Banking Reform) Act 2013]'으로 발효되었다. 이 법은 소매은행과 투자은행의 기능적 분리[링 펜싱(ring-fencing)], 예금자 변제 우선권 보장, 은행의 손실 흡수력 확충, 기업 지배구조 개선, 리스크 통제 강화 등을 주요 내용으로 담고 있다. 그중 가장 주요한 특징으로는 소매은행 업무와 투자은행 업무를 기능적으로 분리하는 '링 펜싱' 구조 개혁안을 꼽을 수 있다. 이는 은행의 핵심 업무를 분리해 독자적인 법인으로 만들고 그 안에서 고

14 HM Treasury and Department for Business Innovation & Skills(BIS), *Banking Reform: Delivering Stability and Supporting A Sustainable Economy* (2012).

15 Parliamentary Commission on Banking Standards(PCBS). *Changing Banking for Good* (2013).

위험 투자 업무를 함께 영위하는 행위를 금지하는 제도다. '2013년 은행산업개혁법'은 추가적인 입법 과정과 점진적인 이행기를 거쳐 2019년부터 완전한 효력이 발생한다.

G20을 중심으로 한 금융 규제·감독 논의의 진전

2008년 세계금융위기가 발발한 이후 G7 정상회의를 대신해 세계경제 문제를 논의할 새로운 포럼으로서 G20 정상회의가 출범했다. G20 정상들은 2008년 11월 15일 미국 워싱턴에서 첫 정상회의를 개최한 데 이어, 2009년 4월 런던과 9월 피츠버그에서 열린 정상회의를 통해 금융위기에 대응하기 위한 국제 공조체계를 구축하고 G20 정상회의를 연례화하기로 합의했다. 2010년 11월 서울에서 열린 정상회의에서는 국제금융 시스템과 국제금융 규제 개혁의 기본 틀에 대한 합의를 이루었고, 이듬해인 2011년 11월 프랑스 칸 정상회의에서는 좀 더 세부적인 규제체계 및 시장 신뢰성 강화 방안을 마련했다. 이후 2012년 6월 멕시코 로스카보스 정상회의와 2013년 9월 러시아 상트페테르부르크 정상회의에 이은 2014년 오스트레일리아 브리즈번 정상회의를 통해 각국 정상은 앞서 합의된 금융 규제 개혁의 이행 프로세스를 강화하는 동시에 추가 잠재적 리스크 요인 보완 방안을 마련하는 등 글로벌 금융 규제체계 개편과 관련해 긴밀한 국제 협력체계를 강조해 나가고 있다. 금융체계 안정을 위한 G20 정상회의의 구체적인 경과를 살펴보면 다음과 같다.

2008년 워싱턴 정상회의에서는 금융위기의 원인으로 규제·감독 체계의 결함을 지적하고 이를 개선해야 한다는 주장이 제기되었다. 이에 따라, 거시경제정책의 공조 및 금융시장 개혁을 위한 47개 과제를 제안했고, 위기 대응 능력을 높이고자 IMF의 역할과 기능을 강화하기로 합의했다. 그중 금융시장 개혁과 관련해서는 투명성 및 책임성 강화, 금융 규제·감독 개선, 금융시장 신뢰성 제고, 국제적 협력 강화, 국제금융기구 개혁 등 다섯 개 원칙에 합의했다. 각국 정상은, 국내 차원의 규제가 가장 기본적이고 중요하지만 금융시장의 세계화를 고려해 국가 간 협력 및 국제적 기준을 강화해야 한다는 데에 동의했다.

2009년 런던 정상회의에서 합의된 금융 규제·감독 강화 내용은 좀 더 구체적이다. 앞서 열린 워싱턴 정상회의에서 합의된 시행계획의 이행을 재확인하고 8개 주요 개혁 방향(FSB 설립, 국제협력, 건전성 규제, 규제 범위, 보상체계, 비협조적 지역 감시, 회계기준, 신용평가회사)을 마련했다. 특히 FSF(Financial Stability Forum: 금융안정포럼)를 FSB(Financial Stability Board: 금융안정위원회)로 확대·개편하고, 금융회사에 대한 자본 규제 등 건전성 규제를 강화하며, 헤지펀드 등 규제의 사각지대까지 규제 범위를 확대하기로 했다.[16] 이에 더해 금융회사 임직원에 대한 보상체계를 개선하고, 신용평가사에 대한 규제와 감독을 강화하며, 국제 회계기준을 개선한다는

16 FSF는 G7을 주축으로 하여 1997년에 설립되었다. 2008년 워싱턴 정상회의에서 FSF에 G20 회원국이 모두 참여하기로 합의함에 따라 한국은 2009년 3월 FSF에 가입했다. 2009년 4월 FSF를 확대·개편해 설립된 FSB에는 2016년 현재 한국 등 총 25개국이 회원으로 참여하고 있다.

내용을 개혁 방향에 포함했다.

금융 규제·감독 강화와 관련해 런던 정상회의에서 이루어진 합의를 바탕으로 같은 해에 열린 피츠버그 정상회의에서는 금융 규제 개혁 과제의 중요성과 시급성을 기준으로 우선 과제를 재분류했다. 무엇보다 은행의 자본 규제를 강화하기 위해 2010년까지 새로운 자본 규제 기준을 마련할 것을 주문했다. 또한 SIFIs(시스템적으로 중요한 금융기관)에 대한 정리 및 감독 방안을 마련하고 장외파생상품을 통제하기 위해 2012년까지 모든 표준화된 장외파생상품을 중앙청산소(CCP)를 통해 청산하며 중앙청산소를 통하지 않는 장외파생상품 거래에 대해서는 더 높은 자본 적립 부과 규제를 도입하기로 했다. 아울러 상여금 지급에 대한 규제를 대폭 강화하는 FSB의 보상체계 기준을 이행하는 데 합의하고, 국제 회계기준 제정 기구[IASB(국제회계기준위원회), FASB(미국재무회계기준위원회)]에 단일한 국제 회계기준을 마련할 것을 요구했다.

2010년 11월 G20 서울 정상회의에서는 금융 규제와 관련해 G20이 추진해온 핵심 개혁 과제에 대한 논의가 더 큰 진전을 보게 되었다. 우선 새로운 은행 자본 및 유동성 규제, 즉 바젤 III를 도입하기로 합의했다. 그리고 2010년 12월에 BCBS(바젤은행감독위원회)는 이를 구체화한 '바젤 III 기준서'를 확정해 발표했다(바젤 III에 관해서는 다음 장에서 좀 더 구체적으로 논의한다). 이와 더불어 FSB가 마련한 SIFIs 규제 방안 등이 승인되었다. 이후 2011년 7월에 FSB는 G-SIFIs(시스템적으로 중요한 글로벌 금융기관)의 선정 방법과 추가자본 부과 방안에 관한 합의문을 발표했다. G-SIFIs 선정 기준으로는 규모(size), 상호연계성(interconnectedness), 대체가능성

(substitutes), 글로벌 활동성(cross-jurisdictional activity), 복잡성(complexity) 등 다섯 가지가 제시되었다. 그리고 G-SIFIs의 부실화가 금융 시스템의 안정성을 해치지 않도록 관리하는 방안으로, 계속기업의 관점에서 손실 흡수력을 제고함으로써 부실화를 사전에 예방하는 것과 더불어, 회생 및 파산정리 체계를 개선해 부실화가 금융시장에 미치는 부정적 영향을 사후적으로 줄이는 방안이 제시되었다. G-SIFIs로 선정된 금융기관에는 1.0~2.5%의 추가자본 적립 의무를 부과하기로 합의했고, 추가자본 적립은 2016년부터 2019년까지 단계적으로 시행한다는 계획도 정해졌다.

한편 2011년 칸에서 열린 G20 정상회의에서는 FSB의 금융규제 과제의 조정·모니터링 역량과 위상을 강화하기 위해 이에 대한 법인격 부여 및 기능 강화를 승인하는 한편, 지배구조를 튼튼히 하기 위한 운영위원회를 재구성하기로 합의했다. 또한 FSB는 2011년 11월에 G-SIFIs 명단을 처음 공개하고 이들에 대한 종합 규제체계를 공표했다. G20 정상들은 G-SIFIs를 '시스템적으로 중요한 국내 은행(Domestic Systemically Important Banks: D-SIBs)'으로 확대·적용하기 위한 방안을 강구할 것을 FSB와 BCBS에 요청했다.

2012년 6월 로스카보스 정상회의에서는 IMF 재원을 4560억 달러로 확대하기로 합의하는 등 세계금융위기 대응을 위한 국제공조체계를 한층 강화했다. 또한 대마불사 관행을 막기 위해 은행·증권·보험 등 분야별로 추진 중인 SIFIs 규제 확대 노력을 지지하는 한편, 관련 작업 일정을 재확인했다. 이에 따라 FSB는 '시스템적으로 중요한 글로벌 보험사(Global Systemically Important

Insurers: G-SIIs)' 선정 방법론과 정책 수단을 검토한 뒤 2013년 7월에 처음으로 G-SIIs 명단을 발표했다. 2012년 11월에 BCBS는 G20 재무장관·중앙은행 총재 회의의 승인을 거쳐 D-SIBs 규제체계를 확정했다. D-SIBs 규제체계에서는 개별 국가의 구조적 특성과 국내 은행 부문의 특수성을 고려해 추가자본 규제를 부과할 수 있게 하는 등 D-SIBs 평가 및 적용과 관련해 적절한 수준의 국가별 재량권을 인정하고 있다.

2013년 9월 상트페테르부르크 정상회의에서는 2010년에 이루어졌던 IMF 쿼터(IMF Quota) 및 지배구조 개혁안의 조속한 비준을 촉구하고 차기 쿼터 개혁에 대해 기한(2014년 1월) 내에 합의할 것을 요청했다. 하지만 이는 2015년 12월에 겨우 의회의 비준을 얻어 곧 시행될 예정이다. 다른 한편으로 상트페테르부르크 정상회의에서는 IMF 중심의 국제금융체계를 보완하고자 지역금융안전망(Regional Financial Arrangements: RFAs)의 역할 강화를 재확인했다. 금융 규제와 관련해서는 앞서 합의된 바젤 III의 일관된 적용을 재차 강조하는 한편, IOSCO(International Organization of Securities Commissions: 국제증권위원회기구)와 협의해 시스템적으로 중요한 비은행 비보험 금융기관(Non-Bank Non-Insurer Global Systemically Important Financial Institutions: NBNI G-SIFIs) 선정 방안을 마련할 것을 FSB에 요청했다. 무엇보다 이 회의의 성과는 G-SIFIs 규제, 정리체계, 장외파생상품 규제, 그림자금융 등 앞서 합의된 금융 규제의 진전 성과를 확인하고 남은 과제의 이행을 확약했다는 점이다.

2014년 브리즈번 정상회의에서는 G-SIFIs의 효과적인 정리·

청산 체계를 위한 추가적인 손실 흡수력(Total Loss Absorbing Capacity: TLAC) 규제[17]를 도입하는 데 합의했다. TLAC 규제안의 핵심 내용은 G-SIBs가 바젤 III 규제 외에도 자기자본과 베일 인(bail-in)[18] 가능 채무의 합이 위험가중자산(Risk-Weighted Assets: RWA)[19]의 일정 비율 이상이 되도록 유지하는 것, 본국(본사)과 자회사(진출국) 간 손실 흡수 자본의 배분에 관한 규제를 마련하는 것이다. 또한 그림자금융 분야의 과도한 신용 팽창을 방지하기 위한 세부 규제안을 확정하고, 2013년 상트페테르부르크 정상회의 합의에 따른 장외파생상품 분야의 중복 규제, 규제 차익을 해소하고 국경 간(cross-border) 거래에 일관된 규제를 적용하기로 합의했다. 그리고 G20 정상은 FSB로부터 그간 합의된 금융 규제 개혁의 이행 현황에 대한 각국의 최신 정보를 보고받고, 2015년부터 개혁 이행 및 효과에 관한 정식 FSB 통합 보고서를 받기로 했다.

17 TLAC 규제안은 이보다 앞서 2014년 9월에 열린 FSB 케언스 총회에서 논의된 사항이다.

18 '베일 인'이란 은행이 부실화되었을 때 채권자들이 손실을 분담하는 것을 말한다. 기존에는 은행이 부실화되었을 때 공적자금이 투입되어 주주는 손실을 떠안더라도 채권자는 거의 구제(bail-out)되었다.

19 '위험가중자산'이란 자산의 종류별(예컨대, 국공채, 주택담보대출, 기업대출 등)로 다른 위험가중치를 부과해 이를 모두 합산한 것을 말한다.

5

제 5 장

거시건전성 감독 강화

2008년 세계금융위기 이후 금융 규제 개혁 관련 논의에서 가장 크게 강조되어온 개념은 바로 '거시건전성 감독(macro-prudential regulation)'의 필요성이다. 이는 개별 금융기관이 아무리 엄격하게 감독되고 위험 관리를 잘한다 하더라도 거시경제 환경이 자산시장에 거품을 일으키는 등의 작용을 하게 되면 전체 금융 시스템의 안정을 도모하기 어렵다는 인식에서 출발한 것이다. 거시건전성 감독이라는 용어는 세계금융위기 이전인 1979년 쿡위원회

* 이 장의 논의 중 일부는 이상묵(2009), FSB, IMF and BIS(2011), Kim, Park and Suh(2013), Krishnamurti and Lee(2014), 한국은행(2014), 유재수(2015)를 참조했다.

(Cooke Committee: 바젤은행감독위원회의 전신)에서 W. P. 쿡 당시 영란은행 총재가 언급하면서 사용되기 시작했다(Clement, 2010). 그럼에도 이 용어는 아직 명확하게 규정되지 않은 개념으로 남아 있다. 세계금융위기 이후 금융 규제·감독 개혁을 논하면서 아마도 이처럼 많이 언급된 용어는 없었을 것이나, 거시건전성 감독 주제에 따라서 또는 쓰는 사람에 따라서 모두 다르게 정의되어왔고, 명확하게 통일된 개념이 아직까지 존재하지 않는 매우 포괄적인 개념으로 남아 있다(FSB, IMF and BIS, 2011; 최승필, 2013). 예컨대, 거시건전성 감독에 대해 크리슈나무르티와 리(Krishnamurti and Lee, 2011), 그리고 FSB·IMF·BIS(FSB, IMF and BIS, 2011)는 "금융 부문 전체를 범위로, 시스템 리스크 요소들을 측정하는 수단을 통해, 실물경제에 심각한 결과를 초래할 수 있는 금융체계 위험 억제를 목적으로 한다"라고 정의했다. IMF(2013)는 "거시정책 수단을 주로 시스템 리스크를 제한하기 위한 목적으로 사용하는 것"이라고 정의한다. 스탠리 피셔(Fischer, 2011)는 거시건전성 감독의 두 가지 요소로 "금융체계 전체의 감독과 거시경제정책과 금융 시스템의 상호작용"을 들었다.

특히 G30(Group of Thirty, 2010)은 여러 문헌과 다양한 주제를 아우르는 공통 요소를 살핀 다음, 거시건전성 감독에 관해 다음과 같이 네 가지 요소로 정리했다. 첫째, 개별 금융 또는 특수 금융에 제한되기보다, 진화하고 있는 금융 전반의 시스템에 대해 감독하고 평가하여 적절한 대응으로 사람들이 기대하는 결과를 가져오는 것을 말한다. 둘째, 금융체계의 회복력을 높이거나, 시스템 리스크 발생에 따른 충격 또는 내부적으로 연결된 금융 간 경기 순행적 확장에 따른 충격의 기세를 꺾는 것을 목표로 한다. 셋째, 시스템 리스크를 줄이는 것을 목표로, 그리고 리스크에 대한 회복력을 증가시키는 방향으로 거시건전성 도구들을 사용한다. 넷째, 다른 분야의 정책과 금융 감독 그리고 거시건전성 정책은 상호보완적 특성을 지닌다.

개별 금융기관이 아무리 위험 관리를 잘한다고 하더라도 부동산 거품이 붕괴하는 등 거시경제적 환경이 크게 바뀌면 개별 금융기관의 안정성을 도모할 수 없게 된다. 금융위기는 개별 금융기관의 도덕적 해이나 부실한 경영에서도 기인하지만, 좀 더 근본적으로는 경기 과열과 붕괴라는 일련의 과정에서 발생하는 경향이 있다(Reinhart and Rogoff, 2009; 유재수, 2015).

경기 상승 국면에서는 기업의 이익이 증가하고 자산가격도 상승하며, 그 과정에서 금융회사의 위험 인수 성향은 공격적으로 바뀌고 신용 심사 기준도 완화된다. 이는 특히 단기차입 의존도 증가, 신용 공급 확대 등으로 나타난다. 그리고 이는 경기와 자산가격 상승 확대, 추가적인 위험 인수와 신용 공급 확대로 이어진다. 이런 환경에서는 금융회사 간에 매출과 이익 확대 경쟁이 치열해지고, 이 경쟁에서 뒤처지는 회사는 시장의 압박을 받게 된다. 따라서 이때 개별 회사가 시장의 흐름에 휩쓸리지 않고 리스크를 냉정하게 인식하기란 어렵다. 시티그룹의 전임 CEO인 척 프린스(Chuck Prince)는 금융위기의 초기 징후들이 이미 표면화되고 있던 시점인 2007년 7월 ≪파이낸셜 타임스≫(2007년 7월 9일자)와의 인터뷰에서 "음악이 연주되고 있는 동안에는 모두 일어나 춤을 출 수밖에 없다"라고 말했다. 금융시장 그리고 인간사회의 어쩔 수 없는 한 단면을 보여주는 대목이다.

경기 과열 양상이 절정에 달한 뒤에는 자산가격이 하락으로 반전하고 신용이 마르기 시작한다. 그러면 자산을 매각하지 않을 수 없는 상황이 된다. 이런 상황에서는 모든 개별 회사가 서로 보유 자산을 조기에 매각해 추가적인 손실을 줄이고 유동성을 확보하려고 하기 때문에 자산가격이 폭락하여 시장 전체적으로 손실이 확대되고 유동성이 악화된다. 시장 전체의 관점에서 볼 때 시스템 리스크가 유발되는 것이다. 그 결과 상승 국면과는 정반대로 하강 국면이 가속화하고 자산가격이 급락하면서 금융위기로 이어질 수 있다(이상묵, 2009).

거시건전성 감독은 감독 당국이 시장의 이러한 경향을 사전에 억제하거나 완화하는 정책을 말한다. 이와 관련해서 세계 각국은 중앙은행에 거시건전성 감독 책임과 권한을 부여하되 이에 더해 재무부, 중앙은행, 미시건전성 감독기관 등이 참여하는 협의체를 구성해 금융체계의 안정성에 관한 모니터링과 정책 판단을 조율하는 체계를 정립하거나 이에 대해 활발한 논의를 진행해 왔다.[1]

그러나 거시건전성 감독 강화의 실효성에 대해서는 조금 더

1 중앙은행에 거시건전성 감독 권한과 책임을 부여하자는 주장에 대해서는 세계 각국의 중앙은행이 세계금융위기의 발생을 예측하는 데에 실패했다는 점을 들어 회의적인 시각도 있었다. 한편 중앙은행에 그러한 권한을 부여할 경우에 상대적으로 강한 독립성을 인정받고 있는 중앙은행이 무한의 재량권을 가질 수 있다는 관점에서 책임과 권한의 불일치가 발생할 수 있다는 우려도 제기되었다.

두고 봐야 할 것 같다. 세계의 금융 역사를 돌아볼 때 위기는 반복적으로 일어났으며, 정책 당국은 거시경제의 변동성을 성공적으로 통제하지 못했다. 또한 거시건전성을 다루는 협의체나 기관(예를 들어 중앙은행)이 얼마나 정치적으로 독립되어 있는가 하는 것도 중요한 문제다. 2008년 이후 거의 모든 나라에서 거시건전성 감독 강화를 위한 조치를 모색해왔지만, 재무부와 감독기관, 중앙은행의 합의체 구성이나 중앙은행에 물가 안정 이외에 금융 안전성에 대한 책임을 추가로 부여하는 것 외에는 실제로 거시건전성 감독을 제고할 구체적인 방도를 마련하지 못한 것으로 보인다. 한국의 경우도 마찬가지다.

거시건전성 감독의 필요성이 반드시 2008년 세계금융위기를 계기로 새로이 대두된 것은 아니다. 투기와 거품 발생, 그리고 거품 붕괴에 따른 금융회사의 연쇄 파산, 그로 인한 불황은 세계 각국이 이미 여러 차례 반복해서 경험했다. 그런데도 그동안 거시건전성 감독체계가 사실상 작동하지 않았던 이유는 그 운영이 현실적으로 쉽지 않기 때문이다. 우선 비정상적 과열 여부를 객관적으로 판단하는 것이 쉽지 않다. 일례로, 앨런 그린스펀 전 연방준비제도이사회 의장은 정책 당국이 경기가 과열 국면인지 아닌지를 해당 시점에는 알기 어렵다는 견해를 피력하면서 거품이 붕괴한 뒤 사후적으로 감독 당국이 위기의 진화를 막는 데에 주력해야 한다는 '사후 대처 전략'을 견지해왔다. 그리고 그러한 견해는 그동안 통화정책을 전공하는 학자들 사이에서 광범위한 지지를 받아왔다. 자산 거품을 잡기 위해 금리정책을 사용하는 것은 자칫 경제 전체를 침체에 빠뜨릴 위험이 있다고 보았기 때문이다. 그린스펀은 연방준비제도이사회 의장 시절이던 1996년 12월에 다우지수가 6500선을 돌파한 것을 두고 '비이성적 과열(irrational exuberance)'이라고 발언한 바 있다. 이 발언이 신문의 헤드라인을 장식했는데도 주가는 그 후 계속 상승해 2008년 금융위기로 폭락하기 전까지 75% 추가 상승했다. 이러한 경험을 바탕으로 그는 현 주가가 거품인지 아닌지를 판단하거나 억제할 능력이 중앙은행에 없다고 말했던 것이다(그린스펀, 2007; Wessel, 2009). 벤 버냉키도 그러한 견해에 동조했던 것으로 알려져 있다. 1999년 와이오밍 주 잭슨 홀에서 열린 연방준비제도 연례 컨퍼런스에서 그는 "통화정책이라는 무딘 수단으로 안전하게 거품을 터트릴 수 없으며, 이는 마치 바늘로 풍선을 찌르는 것과 같다"라고 말했다.

과열 국면마다 등장하는 '이번에는 다르다'는 자기합리화 심리도 거시건전성 감독을 어렵게 한다(Reinhart and Rogoff, 2011). 1990년대 말의 닷컴 거품은 지금 와서 되돌아보면 비정상적인 과열이었던 것이 분명하지만, 당시에는 저명한 경제학자나 정책 당국조차 이른바 '신경제'를 거론하면서 인터넷 혁명으로 생산성이 향상되면서 경제구조가 근본적으로 변화하고 있기 때문에 주가 상승에 충분히 이유가 있다고 해석했다. 더욱이 경기의 상승 국면에 감독 당국이 개입하는 것은 정치적으로도 힘든 일이기 때문에, 감독 당국은 이를 기피하는 경향이 있다.

이러한 점을 감안할 때 거시건전성 감독의 실효성을 확보하려면 감독 당국의 재량권을 가급적 축소하고 규칙화해야 한다는 견해도 있다. 예컨대, 자본금 규제를 경기 역행적으로 운용하는 것이 그중 하나다. 자기자본 비율을 이원화하여 신용 공급과 자산의 증가가 일정 수준을 초과할 때에는 높은 자기자본 비율을 적용하고 그렇지 않을 때에는 낮은 자기자본 비율을 적용하는 방안이 그것이다. 이는 바젤 III에 이미 어느 정도 반영되었다.

이와 더불어 시가회계(mark-to-market accounting)에 따르는 경기 변동 확대 경향을 해소하기 위해 해당 자산의 취득 자금을 조달하는 방식에 따라 회계 방식을 이원화하는 방안도 제시되고 있다. 즉, 해당 자산의 취득이 단기차입금으로 이루어졌다면 시장가격으로 기표해야겠지만, 자산 취득이 장기부채로 이루어졌다면 시가 대신 현금 흐름을 현가화한 가격으로 기표하여 시가 변동에 따라 수시로 조정하지 않아도 되는 자금회계(mark-to-funding accounting) 방식을 도입해 시가회계와 함께 사용하자는 것이다 (Brunnermeier et al., 2009).

거시건전성 감독의 규칙화에는 여러 가지 장점이 있지만, 자기자본 비율의 차등화 수준을 구체적으로 어떻게 결정할 것인지와 같이 구체적인 규칙을 설정하는 것은 쉽지 않은 일이다. 무엇보다 현재의 거시경제 상황이 과열인지 아닌지를 정확히 판단하는 기준을 정하기 어렵고, 정책 담당자가 이를 판단하더라도 정치적 압력으로 인해 실행하기 쉽지 않다. 특히 경제의 발전단계나 잠재성장률 수준 등에 따라 비정상적인 신용증가율 수준이 국가마다 다를 수 있는데, 이는 거시건전성 감독에 대한 국제 공조와 제도의 실효성을 떨어뜨리는 요소가 될 수도 있다. 더구나 비정상적인 신용증가율 수준을 잘못 판단해 신용 공급을 지나치게 억제하면 자칫 경제성장률까지 인위적으로 제약할 수 있다. 만기 불일치에 따른 자기자본 규제를 차등화하거나 자금 조달 방식에 따른 자산의 평가 방법 이원화 방안도 유사한 문제를 안고 있다. 다시 말해, 그 취지에는 다들 공감하지만 현실에 적용하려면 여전히 추가적인 논의가 필요한 상태다. 이어서 살펴볼 바젤 III 협약에서는 이러한 문제를 고려해 각국의 재량권을 상당 부분 허용하고 있다.

자본금 및 유동성 규제: 바젤 III 협약

글로벌 금융체계 안정을 위한 실무적 논의는 바젤 III로 대표된다. 바젤 III는 은행 부문에 대한 규제와 감독, 위험 관리를 강화하기 위해서 BCBS가 개발한 광범위한 개혁 조치를 지칭한다. 이러한 개혁 조치가 지향하는 목적은 금융 및 경제 부문의 변화에서 기인하는 충격에 대한 은행의 대응력 확충, 위험 관리 및 이를 위한 지배구조 개선, 은행의 투명성과 정보 공개 강화 등이다. 바젤 III 체제는 개별 은행이 일정 기간 어려움을 겪더라도 생존력을 복원할 수 있도록 미시건전성 규제와 경기 순응성에 따른 시스템 전반에 걸친 거시건전성 감독을 강화하는 방안을 모두 담고 있다.

세계금융위기로 파산 위기에 빠진 금융기관에 공적자금이 투입되어 궁극적으로 납세자의 부담이 커지자 금융기관에 대한 자본금(자기자본 비율) 규제를 강화해 개별 금융기관의 안정성을 높여야 한다는 주장이 광범위한 지지를 얻었다. 이러한 자본금 규제 강화 방안은 BIS(Bank for International Settlements: 국제결제은행)를 중심으로 논의되었다. 금융 업종에 따라 차이가 있으나, 지금까지 자본금 규제에서는 부채적 성격이 없는 순수한 자본금인 '기본자본', 그리고 자본금적 성격과 부채적 성격이 혼합된 '보완자본' 두 가지 성격의 자본금을 인정해왔다. 예컨대, 보통주 발행으로 조달된 자금과 사내 유보된 이익잉여금이 기본자본에 해당하며, 후순위채권이나 각종 하이브리드 채권이 보완자본에 해당한다.

BIS가 오랜 논의 끝에 내놓은 바젤 III의 핵심은 기본자본을 증대시키고 보완자본의 인정 범위와 요건도 좀 더 엄격하게 하자는 것이다. 더욱이 그동안 장부 내 자산에 비해 미약한 자기자본 규제를 받았던 장부 외(off balance sheet) 자산에 대해서도 장부 내 자산에 준하는 자기자본 규제를 가하자는 방향으로 논의가 진행되어왔다. 또한 대형 금융기관이나 경기 확장 시에는 추가로 자기자본 비율을 높이게 하여 대마불사를 방지하고 경기 역행적 규제·감독을 강화하고자 했다.

바젤자기자본협약의 변천

바젤 III의 구체적인 내용을 알아보기 위해서는 최초의 바젤자기자본협약(The Basel Capital Accord: 이하 '바젤 I')과 바젤 II를 간략히 살펴볼 필요가 있다. 바젤 I은 국제적으로 활동하는 은행에 대한 규제를 수렴하기 위해 주요국 중앙은행의 협의체인 BCBS가 1988년에 발표한 은행 감독 및 규제에 관한 제안서다. 바젤 I에서 제시한 기준은 대출자산을 신용 위험별로 단순 분류해 차등화된 위험가중치를 부여하고, 국제적으로 활동하는 은행에 대해 위험가중자산 대비 자기자본 비율(BIS 비율)을 8% 이상으로 규율하자는 것이다. 예컨대, 국채 같은 무위험자산에는 0%의 가중치를 부여하고 기업대출에는 규모에 상관없이 일률적으로 100%를 부여하는 방식이다. 이는 국제적으로 통용되는 은행 자본에 대한 측정 기준을 마련했다는 점에서 큰 의의가 있다. 바젤 I은 1992년 이후 선진국의 주요 은행은 물론이고 사실상 모든 국가의 국제적으로 활동하는 은행에 대한 자본 규제의 기준이 되었다.

1999년에 BCBS가 새로운 자본적정성 틀을 제안하는 보고서[2]를 발간하면서 바젤 II 논의가 공식화되었다. 이 보고서는 기존의 바젤 I 체제가 은행이 처한 위험을 충분히 반영하여 규제자본을 설정하지 못하고 있다는 인식에서 출발한다. 이에 따라 바젤 II는 개별 대출의 신용등급과 부도 확률에 따라 규제자본을 다르게 요구하는 것을 주요 특징으로 한다(Pillar 1). 예를 들어, 기업대출에 위험가중치를 일률적으로 100%를 적용하던 기존 방식에서 탈피해, 은행이 자체적으로 판정한 등급에 따라 최소 50%에서 최대 150%까지 차등적으로 위험가중치를 부여하게 했다. 이때 신용 리스크 외에도 운영 리스크와 시장 리스크를 측정하고 이를 규제자본량과 연결하는 방식으로 미시건전성 규제 강화를 요구했다. 또한 시스템 리스크, 집중 리스크, 평판 리스크, 법적

2 Basel Committee on Banking Supervision(BCBS), "A New Capital Adequacy Framework"(1999), http://www.bis.org/publ/bcbs50.pdf

리스크 등 은행이 처할 수 있는 다양한 위험에 대한 감독 당국의 금융 감독 권한을 강화하고(Pillar 2), 금융기관 경영에 관한 공시 확대 등 시장규율을 강화하는(Pillar 3) 조치를 명시했다. 바젤 II는 2004년 6월 보고서[3]로 발표된 뒤 최근까지 각국에서 은행 규제에 대한 기본 체제로 적용되었다.

하지만 바젤 II 역시 여러 가지 문제점을 드러냈다. 바젤 I보다는 리스크에 좀 더 민감한 구조로 은행의 자본을 규제한다는 장점이 있지만, 경기 순응성을 확대하는 경향이 있고, 유동성 위험에 대한 규제적 대응 수단이 부재하다는 문제점도 존재했다. 바젤 II에서는 차주의 신용도에 따라 위험가중치가 차등 적용되기 때문에, 차주의 신용 위험이 높아지는 경기 침체기에는 금융기관이 보유해야 하는 자본의 양이 증가해 대출이 줄고 이것이 결국 경기 하강을 심화시키는 악순환이 발생하게 된다. 반대로 아직 신용 위험이 포착되지 않은 경기 과열기에는 금융기관이 오히려 대출을 늘림으로써 과열된 경기를 더욱 달아오르게 하는 부작용을 초래한다. 이러한 문제의 인식에 따라 바젤 II에서도 경기 순응성을 완화하고자 경기 침체기가 포함된 장기 부도율과 손실률을 규제자본 산출 시 적용하도록 했지만, 대부분의 국가에서 경기 침체기를 충분히 고려하지 못했던 것이 사실이다. 바젤 II 체제에서 경기 순응성에 대한 부적절한 대응 문제가 드러나자, 바젤 III 체제에서는 완충자본, 동태적 대손충당금 제도 도입 등이 검토되

3 Basel Committee on Banking Supervision(BCBS), "International Convergence of Capital Measurement and Capital Standards: A Revised Framework"(2004), http://www.bis.org/publ/bcbs107.pdf

었다.[4]

바젤 II 체제에서 드러난 유동성 위험 감독 미흡 문제도 지난 세계금융위기의 원인 중 하나로 지적되었다. 일반적으로 금융회사의 유동성 위험은 자산과 부채의 만기 불일치에서 발생한다. 시장이 정상적으로 작동하면 자산과 부채라는 저량(stock) 개념으로 측정된 유동성 지표가 금융시장에서의 자금 조달 및 유출이라는 유량(flow) 개념의 현금 흐름으로 관리되는 데 큰 문제가 없을 것이다. 하지만 미국의 서브프라임 모기지 사태나 리먼브라더스 도산과 같이 국제금융시장에서 유동성이 얼어붙는 상황이 발생하면 개별 금융회사 차원의 유동성 관리가 불가능해질 수 있다. 바젤 II에서는 미시건전성 규제에 초점을 둔 결과 금융체계 전체의 충격이 개별 금융회사로 전이되어 이들의 개별 유동성, 나아가 건전성까지 훼손되는 큰 틀의 위험을 간과했던 것이다. 이러한 거시적 유동성 충격에 따라, 개별 금융기관의 유동성 및 거시건전성 관리를 통한 시스템 리스크 관리가 바젤 III에서 핵심적인 쟁점으로 떠올랐다.

4 바젤 III 초안은 2010년 12월에 발표되었다.
Basel Committee on Banking Supervision(BCBS), "Basel III: A Global Regulatory Framework for More Resilient Banks and Banking Systems"(2010), http://www.bis.org/publ/bcbs189_dec2010.pdf
바젤 III 개정판은 2011년 6월에 발표되었으며 다음에서 볼 수 있다. http://www.bis.org/publ/bcbs189.pdf

바젤 III의 주요 내용

바젤 III의 주요 내용은 바젤 II의 근간인 세 가지 주요 기둥, 즉 자본 규제(Pillar 1), 위험 관리 및 감독 기능(Pillar 2), 시장규율(Pillar 3)을 대폭 강화하는 동시에 바젤 II에서 다루지 않았던 금융기관의 유동성 규제와 SIFIs에 대한 규제를 포함하고 있다.

자기자본(건전성) 규제 바젤 III는 자기자본 규제에 관한 사항을 담아 은행이 준수해야 할 최소 자본의 양과 질을 동시에 제고하고자 했다. 우선 은행의 손실 흡수력을 높이기 위해 규제자본을 양질의 보통주자본 중심으로 개편했다. 바젤 II에서는 최저 자기자본 항목을 기본자본(Tier 1), 보완자본(Tier 2), 단기후순위채무(Tier 3)로 구분했으나, 바젤 III에서는 이를 보통주자본(Common Equity Tier 1), 기타기본자본(Additional Tier 1), 보완자본(Tier 2)으로 재구성했다. 규제자본에서 단기후순위채무를 제외하고, 보통주자본을 추가한 것이다.

또한 바젤 II에서는 기본자본과 보완자본 등에 대한 별도의 규제 비율 없이 총자본(기본 + 보완 + 단기후순위채무) 비율에 대해서만 위험가중자산의 8% 이상을 유지하도록 규정했는데, 바젤 III에서는 보통주자본 비율, 기본자본(보통주자본 + 기타기본자본) 비율, 총자본(기본자본 + 보완자본) 비율이 각각 위험가중자산의 4.5%, 6.0%, 8.0% 이상이 되도록 규정했다.

이에 더해 완충자본(capital buffer) 개념도 도입했다. 완충자본은 손실 흡수 목적인 자본보전완충자본(conservation buffer)과

표 5-1

바젤자기자본협약의 세 가지 기둥(pillar)

구분		바젤 I	바젤 II	바젤 III
Pillar 1 최저 자기자본 규제	신용 리스크	획일적으로 적용 • 국가 0% • 은행 20% • 기업 100%	① 표준 방법: 적격 외부 신용평가 회사의 신용등급에 따라 위험가중치 차등 적용 ② 내부등급법 • 기본 내부등급법(FIRB): 은행 자체적으로 부도율만 추정하고 부도 시 손실률, 익스포저는 협약에서 제시 • 고급 내부등급법(AIRB): 은행 자체적으로 부도율, 부도 시 손실률, 익스포저 추정	유동화 익스포저 자본 보유 기준 강화 등
	시장 리스크	• 표준 방법 • 내부모형법	바젤 I과 동일	• 거래상대방 신용 리스크 강화 • Stress VaR • 개별 리스크 강화
	운영 리스크	없음	① 기초지표법: 총이익의 15% 부과 ② 운영표준법: 8개 사업 부문별 총이익의 일정 비율(12~18%)의 합을 운영 리스크로 산출 ③ 고급측정법(AMA): 자체 손실 자료와 리스크 측정체계를 활용해 운영 리스크 산출	
Pillar 2 감독 기능 강화		없음	은행 내부의 자본적정성 평가 절차를 점검하고, 리스크가 높은 은행에 대해서는 최저 비율(8%) 이상의 자본 보유 요구	자본 규제(스트레스 테스트 포함) 강화
Pillar 3 시장규율 강화		없음	자기자본 세부 내역과 리스크별 측정 방법 공시 확대	

※ FIRB는 'Foundation Internal Ratings Based', AIRB는 'Advanced Internal Ratings Based', AMA는 Advanced Measurement Approach'의 약어다.

자료: 김정훈(2011).

그림 5-1
바젤 III의 자본 규제 내용 변화

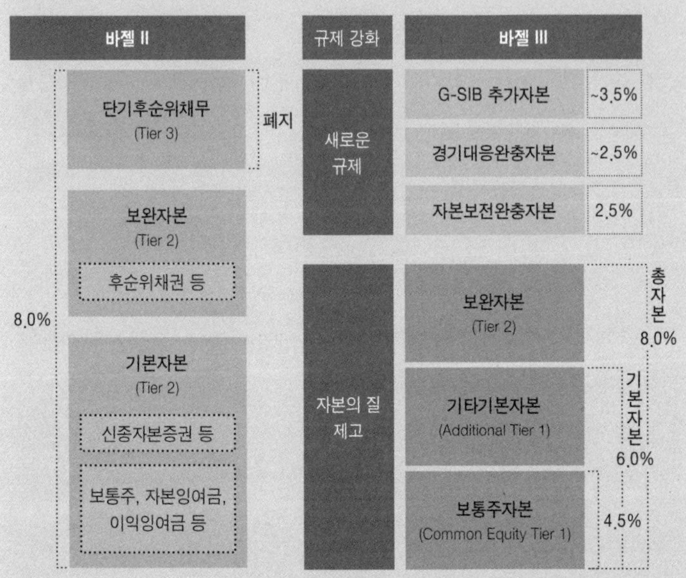

자료: 한국은행(2014).

신용 팽창기에 자본을 적립하고 경기 침체기에 이를 사용해 경기 순응성을 완화하는 경기대응완충자본(countercyclical buffer)으로 구분된다. 먼저 자본보전완충자본 제도는 은행이 위기 시 거액의 손실 발생에 대비해 평상시 위험가중자산의 2.5%를 보통주자본으로 추가 적립하게 하는 것이다. 이는 스트레스 상황에서 손실을 흡수하고 신용 공급 기능을 유지하기 위한 것이라는 점에서, 어떤 경우에도 반드시 준수해야 하는 최저 자기자본 비율 규제와는 다르다.

또한 BCBS는 은행이 자산가격이 상승하는 경기 호황기에 신용 공급을 지나치게 늘리는 반면에 리스크가 증가하는 불황기에는 신용 공급을 급격히 줄임으로써 경제에 부정적 영향을 미치는 악순환을 완화하고자 경기대응완충자본 제도를 도입했다. 이에 따라 감독 당국은 신용이 과도하게 팽창할 때 은행에 추가자본을 부과함으로써 이를 경기 순응성의 폭을 줄이는 수단으로 활용할 수 있도록 했다. 다만 경기대응완충자본에 대해 국가 간 의견 차이로 단일안에 대한 합의가 이루어지지 않아 이를 추가자본 항목으로 포함하고 각국 감독 당국이 도입 여부를 결정할 수 있는 재량권을 부여했다. 즉, 추가자본의 폭을 0%에서 2.5%까지로 정함으로써 사실상 감독 당국이 경기대응완충자본 제도를 채택하지 않을 수도 있게 되었다.

요컨대, 바젤 Ⅲ에서 규정하는 모든 항목의 자기자본을 더하면, 은행의 필요자기자본은 기존 규제 때보다 대폭 늘어난다. 은행은 보통주자본 기준 7(평상시)~9.5(신용 팽창기)%, 기본자본 기준 8.5~11%, 총자본 기준 10.5~13% 이상을 유지해야 하는 의무를 지게 된다.

자본의 질적인 측면을 살펴보면, 보통주에 대한 정의도 강화된 것을 알 수 있다. 바젤 Ⅲ는 회계상 자기자본에서 모기지 서비스 권리(Mortgage Servicing Rights: MSR)나 이연법인세 자산(Tax Deferred Assets: TDA), 비연결 타 금융회사 투자 지분 등을 자본금에서 인정할 수 있는 한도를 15%로 강화하고, 15% 한도 이상의 액수는 자기자본에서 제외하도록 규정했다. 한국은 이미 이러한 항목을 자기자본에서 제외하도록 규제해왔으나, 미국, 유럽, 일본 등 그동안 자기자본에 포함하여 계산해온 일부 국가들은 규제

그림 5-2
바젤 III 자본 규제 이행 일정

자료: 양진수(2013).

개편으로 자본 인정 금액이 줄어들게 되었다. 한편 자기자본 비율의 분모 항목인 위험가중자산(RWA)에 대해서도 파생상품 거래의 거래 상대방 신용 리스크, 유동화 익스포저, 트레이딩 계정 등에 대한 자본 부과를 강화했다.

이처럼 강화된 자기자본 비율 규제는 2013년부터 단계적으로 적용되어 2019년까지 완료될 예정이다(그림 5-2 참조). 보통주자본 비율 및 Tier 1 자본 비율은 2013년부터 2015년까지 점진적으로 높이고 자본보전완충자본은 2016년부터 2019년까지 4년 동안 매년 0.625%씩 높여나가 2019년부터는 2.5%를 적립하도록 규정했다. 자본에서 차감하는 공제 항목에 대해서는 2014년부터 매년 20%씩 5년에 걸쳐 완전히 차감할 계획이다. 이렇게 점진적인 이행 스케줄에 합의한 것은 자본 규제 강화가 대출 규모 축소를 가져와 세계금융위기 이후 각국의 경기 회복을 저해할 수 있기 때문이다.

또한 BCBS는 시장참가자 및 규제 당국이 은행의 자본 구조를 정확하게 평가할 수 있도록 자본 공시 기준(capital disclosure requirements)을 마련했다. 바젤 III 자본 공시 기준은 전체 규제자본 및 공제 항목의 일관성 있는 공개라는 원칙하에 은행들이 정기적으로 연간보고서 또는 감독보고서 등을 통해 공통 양식에 따라 자본 구조를 공표하도록 규정했다.

레버리지 비율 규제 바젤 III에서는 레버리지 비율 규제도 새롭게 도입했다. BCBS에서 레버리지 비율 규제를 도입한 것은 위기 발생 시 급격한 디레버리징으로 위기가 증폭되는 것을 막기 위해 금융기관의 지나친 레버리지 확대를 사전에 제한하고 리스크에 기초하지 않은 보완 수단을 마련함으로써 리스크 기반 자본 규제를 보완하기 위함이다. 레버리지란 은행의 총자산 대비 자기자본 비율을 지칭하는데, 총자산에는 부외거래에서 발생하는 익스포저도 포함되며, 자산 부실 위험가중치 자산이 아니라 전체 자산으로 계산된다.

레버리지 비율을 구성하는 항목을 살펴보면, 분자인 '자본'은 바젤 III에서 새롭게 정의된 기본자본(Tier 1)을 사용하고, 분모인 '총자산'은 대차대조표상의 항목과 부외 항목을 모두 포함하여 산정한다. 이 중 대차대조표상의 항목은 증권금융거래와 파생상품을 제외한 모든 계정과목을 포함하여 산정한다.

최저 레버리지 비율은 Tier 1 자본 기준 3%로 설정되었다. 애초에 제안된 비율은 보통주자본의 4%였으나, 유럽 국가들의 반발로 상당 부분 희석되어 수치가 4%에서 3%로 하향 조정되었고, 대상 자본도 보통주자본에서 Tier 1 자본으로 희석되었다. 이와 더불어 이행 일정도 상당 부분 연장되었다. 레버리지 비율 규제는 2013년부터 2017년까지 병행 운영 기간을 거친 다음 2018년부터 정식으로 시행될 예정이다. BCBS는 의견 수렴 기간 중 제시된 업계 의견을 바탕으로 일부 내용을 수정해 2014년 1월 개정 기준서[5]를 공표했다. 한편 레버리지 비율의 정의와 규제 수준에 대한 최종 조정은 2017년에 이루어질 예정이다.

유동성 규제 세계금융위기를 계기로 그동안 은행의 유동성 위기 관리 능력이 취약했음이 드러나면서 유동성 규제에 대한 필요성이 크게 부각되었고, 바젤 II 체제에서 명시적으로 다뤄지지 않았던 유동성 규제가 바젤 III에서는 중요한 주제로 떠올랐다. BCBS는 유동성 위기 상황에서 은행들이 외부 지원 없이 자체적으로 대응하고 평소 자금 조달 및 운용 구조를 안정적으로 유지하도록 요구하는 유동성 위험 관리의 기본 원칙을 공표했다.

일반적으로 은행 자본 규제는 자기자본에 중점을 두어 위험

5 Basel Committee on Banking Supervision(BCBS), "Basel III Leverage Ratio Framework and Disclosure Requirements"(2014), http://www.bis.org/publ/bcbs270.pdf. 금융감독원 홈페이지 '업무자료 — 은행업무 — 바젤규제 관련자료'에서 번역본을 내려받을 수 있다.

자산 대비 자기자본의 비율을 규제하는 방식으로 이루어진다. 즉, 총대출의 일정 부분 이상은 은행 소유주의 출연으로 자금을 조달하라는 것이다. 이러한 자본 규제와는 달리 유동성 규제는 자산 구성 자체에 대한 규제로서, 은행의 자산과 부채의 유동성 차이에 대한 제한이다.

바젤 III의 유동성 규제에는 단기 규제 비율인 유동성 커버리지 비율(Liquidity Coverage Ratio: LCR)과 중장기 규제 비율인 순안정자금 조달 비율(Net Stable Funding Ratio: NSFR) 등 두 가지가 있다. 먼저 유동성 커버리지 비율(이하 LCR)은 '고유동성자산(High Quality Liquid Asset: HQLA) / 향후 30일간 순현금유출액'으로 계산하며,[6] 긴급한 유동성 위기가 발생해 자금 인출 사태가 일어나더라도 은행이 지탱할 수 있는 능력을 측정한다.

LCR의 분자인 '고유동성자산'은 스트레스 상황에서도 대규모 손실 없이 신속하게 현금화할 수 있는 자산을 의미한다. 현금, 지급준비금, 국채, 통화안정증권 등이 대표적인 고유동성자산이라 할 수 있다(Level 1 HQLA). 그러나 은행의 자산 구성을 다양화하려는 목적으로 정책 당국의 재량에 따라 신용등급이 다소 낮은 일부 증권도 고유동성자산으로 인정될 수 있다(Level 2 HQLA). LCR의 분모인 '순현금유출액'은 위기 상황에서 단기간(30일)에 은행이 겪게 될 순자금유출 규모로 정의되며 현금유출액에서 유입액을 차감한 것이다.

6 LCR = 고유동성자산(Stock of HQLA) / 향후 30일간 순현금유출액(Total net cash outflows over the next 30 days) ≥ 100%

바젤 Ⅲ에서 LCR 규제 비율은 30일간 자체적으로 지탱할 수 있는 고유동성자산을 보유하게 한다는 취지에 따라 100%로 설정되었다. LCR 규제가 여타 규제와 다른 점은 위기 상황에서 은행이 고유동성자산을 사용할 수 있도록 감독 당국이 LCR 최저 기준 적용을 일시적으로 중단할 수 있다는 것이다. 이는 미시건전성 규제를 너무 엄격하게 강제하면 오히려 거시건전성 측면의 불안정을 야기할 수 있다는 우려 때문이기도 하다. 2010년 12월 바젤 Ⅲ 초안이 발표된 이후 LCR 규제에 대해 2년의 관찰 기간을 적용하기로 했고, 2년 뒤인 2013년 1월에 최종 LCR 기준서 전문[7]이 발표되었으며, 2015년부터 규제를 시행하기로 합의했다. 다만 은행체계에 미칠 충격을 최소화하고 실물경제에 대한 신용 공급을 저해하지 않도록 최저 규제 수준을 점진적으로 상향 조정할 계획이다. 즉, 2015년에는 최저 규제 수준을 60%로 하고 이후 매년 10%p씩 상향 조정해 2019년에 100%가 되도록 할 예정이다.

앞서 말했듯이 바젤 Ⅲ 체제에서는 유동성 규제로 LCR 규제와 더불어 중장기 유동성 비율을 규제하는 순안정자금 조달 비율(이하 NSFR) 규제를 도입했다. NSFR은 운용 측면에서 장기간(1년 이상) 필요한 자금에 대비해 조달 측면에서 장기간 안정적인 자금을 보유하도록 하는 제도라는 점에서 구조적 유동성 지표라고 할 수 있다. NSFR은 '가용안정자금 / 필요안정자금'으로 계산된다.[8]

7 Basel Committee on Banking Supervision(BCBS), "Basel Ⅲ: The Liquidity Coverage Ratio and Liquidity Risk Monitoring Tools"(2013), http://www.bis.org/publ/bcbs238.pdf. 금융감독원 홈페이지 '업무자료 – 은행업무 – 바젤규제 관련자료'에서 번역본을 내려받을 수 있다.

여기서 가용안정자금은 부채와 자본 중 스트레스 상황에서도 향후 1년 이내에 이탈 가능성이 낮은 안정적 조달이 가능한 자금을 의미하며, 필요안정자금은 자산 항목 중에서 향후 1년 이내에 현금화될 가능성이 낮아 1년 이상의 안정적 조달이 요구되는 자금을 의미한다. 2014년 10월에 NSFR 규제에 관한 기준서[9]가 발표되었고, 향후 관찰 기간을 거쳐 2018년부터 규제 비율을 100%로 지정해 시행될 예정이다. BCBS는 관찰 기간에 두 가지 유동성 비율을 모니터링하기 위해 보고 절차를 시행할 계획이며, 이를 통해 금융시장, 신용 공급, 경제성장 등에 예기치 않은 결과를 초래하는지 여부를 점검할 계획이다.

SIFIs에 대한 규제 대형 금융기관에 대한 추가적인 규제 또한 바젤 III에서 다루는 특징적인 주제다. 바젤 III에서는 SIFIs가 일반 은행에 적용되는 강화된 규제 이상으로 손실 흡수 능력을 보유해야 한다는 데에 합의하고, 이를 위해서 추가자본 부과(systemic surcharge), 조건부자본(contingent capital) 활용, 손실부담부채권(bail-in debts) 발행 등의 방안을 BCBS와 FSB가 공동으로 계속 검토하기로 했다. 또한 보다 바람직한 파산체계를 수립하는 방안도

8 NSFR = 가용안정자금(Available amount of stable funding) / 필요안정자금(Required amount of stable funding) ≥ 100%

9 Basel Committee on Banking Supervision(BCBS), "Basel III: The Net Stable Funding Ratio"(2014), http://www.bis.org/bcbs/publ/d295.pdf. 금융감독원 홈페이지 '업무자료 – 은행업무 – 바젤규제 관련자료'에서 번역본을 내려받을 수 있다.

계속 검토해나가기로 결정했다. 2010년 10월 서울에서 열린 FSB 총회와 11월 서울 G20 정상회의에서는 이러한 내용을 재차 확인했고, G-SIFIs의 개념을 도입함으로써 국제자본시장에서 국경을 초월해 영업하는 글로벌 대형 금융기관에 대한 자기자본 규제를 강화한다는 원칙도 확인했다. 한편 D-SIBs 규제 대상을 정하고 이에 대한 자본 규제도 강화해나가기로 합의했다. D-SIBs 규제는 국내에서 대형 은행 부실이 금융체계 전체에 충격을 주는 것을 막는 차원에서 도입하는 제도다. D-SIBs로 선정되면 자본금과 이익잉여금을 포함한 보통주자본만으로 추가자본을 쌓아야 한다. 이 역시 2016년부터 단계적으로 도입되어 2019년부터 전면 시행될 예정이다.

거액익스포저 규제 거액익스포저 규제는 은행 대출이 특정 차주에게 편중될 리스크를 억제하기 위한 목적으로 도입되었다. 바젤 I에서는 각국 감독 당국이 재량권을 가지고 금융기관의 편중 리스크를 적절히 관리하게 하는 방식(Pillar 2)의 규제를 사용했으나, 규제의 일관성을 유지하기에 한계가 있다는 지적이 제기되면서 BCBS는 국제적으로 일관성 있는 편중 리스크 규제체계를 도입했다. BCBS는 거액익스포저 한도를 은행이 개별 차주의 부실로 입을 수 있는 최대 손실로 정의하고, 적격자본의 25%로 결정했다. 이때 손실 흡수력을 가지는 Tier 1 자본을 적격자본으로 사용하도록 규정했다. 거래 상대방의 급격한 도산으로부터 금융기관을 보호한다는 본연의 미시건전성 관점 외에도 금융기관 간 연계성에 따른 위험의 전염 효과를 억제한다는 거시건전성 정책 요소를 거액익스포저 규제에 반영한 것이다. BCBS는 2014년 4월 거액익스포져 규제에 관한 기준서[10]를 발표하고, 2019년 1월 1일까지 완전히 실시할 것을 규정했다.

SIFIs에 대한 감독 강화

리먼브라더스가 파산한 이후 미국과 유럽을 중심으로 대형 금융기관의 연쇄적인 파산을 막고 시스템 리스크 확대를 억제하기 위해 대규모 공적자금이 금융 부문에 투입되었다. 이를 통해 금융위기가 심각한 공황으로 확산되는 것은 막았지만, 국가재정 부담은 가중되었다. 이는 유로존 국가들의 재정위기를 불러온 원인 중 하나로도 지적된다.

이러한 상황을 겪으면서 각국에서는 부실 대형 금융기관에 대한 공적자금 지원과 같은 대마불사 관행이 고착된다면 금융회사의 위험추구 행위 등 도덕적 해이로 인한 금융체계 불안이 재연될 것이라는 우려가 커졌다. 이에 따라 금융체계와 경제 전반에 커다란 영향을 미치는 SIFIs에 대한 감독과 규제를 강화해야 한다는 논의가 활발히 진행되었다. G20 정상회의에서도 SIFIs의 도덕적 해이를 막기 위한 방안을 수립하는 것이 글로벌 금융 규

10 Basel Committee on Banking Supervision(BCBS), "Supervisory Framework for Measuring and Controlling Large Exposures"(2014), http://www.bis.org/publ/bcbs283.pdf. 금융감독원 홈페이지 '업무자료 — 은행업무 — 바젤규제 관련자료'에서 번역본을 내려받을 수 있다.

제 개혁의 핵심 과제로 대두되었고, G20 정상들은 SIFIs에 대한 규제·감독을 강화하기로 합의했다.

FSB는 BCBS 등과 공동으로 SIFIs 선정 기준을 개발하고, SIFIs에 대한 추가자본 부과, 정리 절차 개선 및 비상계획 마련, 국제적인 감독 공조 강화 등을 추진해왔다. 우선 2010년 10월에 SIFIs 규제 강화를 위한 종합적인 체계와 일정을 세우고, 이를 기반으로 세부 과제를 진행했다. 이후 G-SIBs와 D-SIBs에 대한 평가 방법 및 추가자본 부과 방안 등을 마련하고, 최근에는 SIFIs 규제를 은행 이외에 보험과 증권 권역의 금융기관으로까지 확대하는 방안을 추진해왔다. 2013년 7월에는 IAIS(International Association of Insurance Supervisors: 국제보험감독협회)와 함께 G-SIIs에 대한 평가 방법 및 정책 수단을 공표했다. 또한 IOSCO(국제증권위원회기구)와 함께 비은행, 비보험사인 G-SIFIs 선정 기준 수립 등을 진행하고 있다.

앞서 2011년 11월 칸에서 열린 G20 정상회의에서는 SIFIs 규제의 정책 수단 등이 공표되었다. 이와 더불어 BIS는 G-SIBs의 평가 방법과 추가자본 적립 요건 등을 제시했으며, FSB는 각국 금융회사의 파산처리제도에 적용해야 할 책임과 권한, 수단을 규정한 문서[11]를 발표했다.

FSB와 BCBS는 지표 기준 측정법(indicator-based measurement approach)으로 금융기관의 시스템적 중요도를 평가해 G-SIBs를

11 Financial Stability Board(FSB), "Key Attributes of Effective Resolution Regimes for Financial Institutions"(2011), http://www.financialstabilityboard.org/wp-content/uploads/r_111104cc.pdf?page_moved=1

표 5-2
G-SIBs 선정 기준과 내용

※각 부문에 표기된 〈 〉 안의 수치는 부문별 가중치임.

부문	개별 지표	지표 가중치
1. 글로벌 활동성 〈20%〉	국가 간 청구권 (Cross-jurisdictional claims)	10%
	국가 간 부채 (Cross-jurisdictional liabilities)	10%
2. 규모 〈20%〉	바젤 III 레버리지 비율 산정 기준 총익스포저 (Total exposures as defined for use in the Basel III leverage ratio)	20%
3. 상호연계성 〈20%〉	타 금융기관에 대한 자산 (Intra-financial system assets)	6.67%
	타 금융기관에 대한 부채 (Intra-financial system liabilities)	6.67%
	증권 발행 규모 (Securities outstanding)	6.67%
4. 대체가능성/ 금융기관 인프라 〈20%〉	보호예수자산 (Assets under custody)	6.67%
	지급결제 규모 (Payments activity)	6.67%
	채권·주식 인수 규모 (Underwritten transactions in debt and equity markets)	6.67%
5. 복잡성 〈20%〉	장외파생상품 명목가치 [Notional amount of overthe-counter (OTC) derivatives]	6.67%
	레벨 3 자산 (Level 3 assets)	6.67%
	단기 매매 및 매도 가능 증권 가치 (Trading and available-for-sale securities)	6.67%

자료: 한국은행(2014).

선정하며, 선정 기준은 글로벌 활동성, 규모, 상호연계성, 대체가능성, 복잡성 등 다섯 개 부문으로 구성된다(표 5-2 참조). FSB와

BCBS는 2011년부터 매년 전 세계 70여 개 대형 은행을 대상으로 G-SIBs를 선정해 공표하고 있다. 2014년 11월에는 2013년에 개정된 평가 방법을 활용해 30개의 G-SIBs를 선정해 공표했다. 한편 G-SIBs에 대한 추가자본 부과는 2016년 1월부터 단계적으로 시행될 예정인데, 추가자본 규제는 2014년 11월 공표된 명단에 최초로 적용될 예정이다.[12]

이렇게 선정된 G-SIBs는 시스템적 중요도에 따라 네 개 구간으로 구분되며, 구간에 따라 최저 1%부터 0.5%p씩 구간별로 차등하여 최대 2.5%까지 손실 흡수 추가자본이 부과된다. 추가자본은 가장 손실 흡수력이 높은 보통주자본의 형태로 적립해야 한다. FSB와 BCBS는 G-SIBs에 대한 규제를 2016년부터 2019년

12 2014년 11월에 발표된 G-SIBs는 다음과 같다(30개). Bank of America, Bank of New York Mellon, Citigroup, Goldman Sachs, JP Morgan Chase, Morgan Stanley, State Street, Wells Fargo(이상 미국), Groupe BPCE, BNP Paribas, Group Crédit Agricole, Société Générale(이상 프랑스), Barclays, HSBC, Royal Bank of Scotland, Standard Chartered(이상 영국), Mitsubishi UFJ FG, Mizuho FG, Sumitomo Mitsui FG(이상 일본), Deutsche Bank(이상 독일), Credit Suisse, UBS(이상 스위스), ING Bank(네덜란드), Agricultural Bank of China, Bank of China, Industrial and Commercial Bank of China Limited(이상 중국), Nordea(스웨덴), Santander, BBVA(스페인), Unicredit Group(이탈리아). 2015년 11월에 발표된 G-SIBs 명단에는 BBVA가 제외되고 China Construction Bank가 추가되어 전체 수는 30개로 유지되었다.

한편 2015년 11월에 발표된 G-SIIs는 다음과 같다(9개). American International Group, Inc., Metlife, Inc., Prudential Financial, Inc.(이상 미국), Aviva plc, Prudential plc(이상 영국), Axa S.A.(프랑스), Allianz SE(독일), Aegon N.V.(네덜란드), Ping An Insurance (Group) Company of China(중국).

까지 단계적으로 시행하기로 했으며, 규제 대상이 되는 명단은 매년 갱신된다.

자본시장에 대한 규제 강화

단기차입금에 지나치게 의존한 그림자은행과 증권화 및 파생상품의 확산이 시스템 리스크를 야기할 수 있는 잠재적 요소를 안고 있다는 점이 이번 세계금융위기를 통해 드러나면서, 그동안 규제의 사각지대에 있었던 자본시장에 대해서도 규제를 강화해야 한다는 점이 지적되어왔다. 이와 관련해 먼저 증권화의 확산 과정에서 차입자와 대출자 간의 연계가 단절되어 발생하는 시장 규율의 해이 문제에 대처하기 위한 방안이 논의되었다. 이는 앞서 미국과 영국의 금융 개혁에서 보았듯이 발행인(originator)과 보증인(sponsor)이 증권화 이후에도 기초자산에 대한 상환 의무의 이행 여부에 이해관계를 가지도록 유동화 증권의 일정 비율 이상을 보유토록 하는 것으로, 이미 일부 국가들의 금융 개혁에 반영되었다. 또한 증권화 과정에서 발생하는 수수료를 기초자산의 상환 실적과 연계시켜 장기간에 걸쳐 분할 지급하게 하는 방안도 논의되고 있다. 이와 더불어 증권화 과정의 투명성을 높이고 표준화를 촉진함으로써 기초자산에 관해 좀 더 정확한 정보를 투자자와 신용평가회사가 취득할 수 있게 하는 방안도 제기되었다.

한편 그동안 헤지펀드의 규제를 놓고 미국과 유럽 간에 의견 차이가 있었다. 유럽, 특히 프랑스는 이에 대해 규제가 필요하다는 입장이었고, 미국은 좀 더 유보적인 입장이었다. 하지만 헤지펀드에 관한 정보의 흐름이 좀 더 투명해져야 한다는 데는 의견이 일치했다. 이에 따라 일정 규모 이상의 헤지펀드 등 투자펀드에 대해서는 등록을 의무화하고 운용에 관한 보고도 의무화하여 감독 당국이 금융시장에 관한 정보를 좀 더 정확하게 파악함으로써 시스템 리스크의 발생 가능성을 사전에 예측할 수 있게 하는 방안이 논의되었다.

시스템 리스크를 야기할 수 있는 대형 헤지펀드에 대해서는 차입 비율을 규제해야 한다는 견해도 있었다. 파생상품이 규제의 사각지대에 있는 문제점을 해소하기 위해 표준화된 파생상품은 감독 당국의 규제를 받는 거래소를 통해 거래되도록 하고 지급결제를 중앙에 집중시킴으로써 거래 상대방 리스크를 완화하는 방안도 미국 등 일부 국가에서 진전을 보았다.

신용평가제도의 개선

이번 금융위기 과정에서 드러난 또 하나의 문제는 바로 신용평가사의 신뢰도다. 신용평가사가 높은 신용평가등급을 남발함으로써 결과적으로 서브프라임 모기지의 급격한 확대를 조장한 것이다. 이에 따라 이러한 신용평가제도를 개선하기 위한 노력이 있어왔다. 특히 앞서 소개한 미국의 '도드-프랭크법'은 이러한 내용을 많이 담고 있다. 투자자 보호를 위한 기관인 신용평가회사가 발행인의 이익을 우선시하게 만드는 인센티브 구조를 개선하고 윤리성을 제고하기 위한 방안이 모색되었으며, 신용평가 관련 기초 정보에 대한 투자자의 접근성을 높이는 방안도 모색되었다.

이와 함께 금융회사와 시장이 신용평가회사가 부여하는 신용등급에 의존하는 정도를 줄이는 방안의 필요성도 제기되었다. 기관투자자의 비중이 커지는 가운데 대부분의 기관투자자는 신용평가등급을 기준으로 투자 여부를 판단하는 경향이 있다. 따라서 신용등급의 변화는 시장에서 대규모 동조 현상을 야기한다. 특히 신용평가회사의 신용평가등급 조정이 상환 가능성을 예측해 선제적으로 이루어지는 것이 아니라 문제가 표면화되고 난 다음에야 사후적으로 이루어짐으로써 금융위기를 예방하지 못할뿐더러 위기 발생 이후 문제를 더욱 심화시킨다는 비판이 일었다. 이에 따라 기관투자자의 신용평가등급 의존도를 줄임으로써 신용평가등급 조정에 따른 동조 현상을 근원적으로 차단해야 한다는 주장이 제기되었다.

FSB는 신용평가사 평가등급에 대한 과도한 의존을 줄이기 위한 작업을 계속 진행하여 2010년 5월에는 고위급 실무진을 구성해 공공부문이 신용평가사의 평가 결과에 지나치게 의존하는 것을 억제하기 위한 원칙들을 정립했다. FSB는 이에 대해 BCBS, IOSCO 등의 의견을 수렴하여 보고서[13]를 작성한 뒤, 2010년 10월 G20에 보고했다. 이 보고서는 중앙은행의 공개시장조작, 은행에 대한 건전성 감독, 투자자의 투자정책 등에서 신용평가사

13 Financial Stability Board(FSB), "Principles for Reducing Reliance on CRA Ratings"(2010), http://www.financialstabilityboard.org/wp-content/uploads/r_101027.pdf

신용등급에 대한 의존도를 줄이고 관련 공시 의무를 강화하는 방안 등을 담고 있다.

그러나 신용평가 기능의 가장 근본적인 한계, 즉 신용평가사가 평가에 따른 대가(수수료)를 일반 투자자에게서 받지 못하고 신용평가를 받는 대상 회사로부터 받는 데서 오는 가장 근본적인 이해 상충 문제를 해결하기 어려운 상황에서, 신용평가사와 신용평가 기능과 관련한 문제는 앞으로도 지속될 것으로 보인다. 이러한 근본적인 이해 상충 문제는 여전히 금융시장의 불안정 요소로 남아 있다.

금융소비자 보호 강화

세계금융위기 이후 부각된 또 하나의 주요 과제는 금융소비자 보호 강화다. 금융상품 혁신의 속도가 빨라지고 상품의 구조가 날로 복잡해져 소비자가 금융상품을 제대로 이해하기 어려워지면서, 금융소비자가 잘못된 거래로 피해를 당하는 일이 늘어나고, 금융시장에서 금융소비자의 낮은 이해도를 악용하는 등 시장규율 관점에서도 취약성이 야기되었다. 금융소비자 보호 문제는 이미 오래전부터 대두된 이슈였다. 세계금융위기의 직접적인 원인이 된 서브프라임 모기지 사태와 관련해, 초기에 낮은 금리를 적용하다가 일정 기간 후에는 고율의 변동금리를 적용하는 대출 조건이 광범위하게 활용되어 이에 대해 소비자가 정확한 내용을 모른 채 피해를 당했다는 점도 부각되면서, 소비자 보호에 대한 필요성이 새삼 강조되었다.

이에 따라 앞서 소개한 바와 같이 미국과 영국 등 주요국에서 금융소비자 보호를 전담하는 별도의 조직을 신설했다. 한국에서도 비슷한 움직임이 있어왔다. 이러한 움직임은 특히 금융회사의 건전성 감독을 담당하는 감독기구가 소비자 보호 기능을 동시에 수행하는 기존의 체계로는 소비자 보호 기능을 제대로 수행하기 어렵다는 인식이 있었기 때문이다. 금융회사의 건전성 감독기관은 금융회사의 건전성 제고와 소비자 보호가 상충될 때 금융회사의 건전성 측면에 좀 더 비중을 둘 가능성이 크다는 것이다.

G20 정상들은 2010년 11월 서울에서 열린 정상회의에서 FSB와 OECD 등에 금융소비자 보호 강화 방안을 검토해줄 것을 요청했다. 이에 따라 FSB는 금융소비자 보호 방안 보고서를, OECD는 금융소비자 보호 원칙 개발 보고서를 각각 맡아 작성했다. FSB 사무국은 연구 결과를 2011년 10월 총회에 보고하여 승인받은 후 이를 11월 G20 정상회의에 보고했고, OECD도 금융소비자 보호를 위한 원칙을 2011년 10월에 발표했다. FSB의 최종 보고서는 주택담보대출, 신용카드 등 소비자 신용 부문의 소비자 보호에 중점을 두어 작성되었다. 국가별 정책 현황과 전반적인 개선 방안을 조사해 궁극적으로는 적용 가능한 시사점을 도출하고 추가 검토가 필요한 분야를 파악함으로써 금융소비자 보호에 기여하는 것을 목적으로 했다. 한편 OECD는 금융소비자 보호를 위한 상위 원칙으로 법적 규제 및 감시 체계 마련, 감시기구의 권한 확대, 소비자에 대한 공정한 처우, 정보 공개와 투명성 제고 등을 제시했다.

금융기관 임직원 보수체계 개선

금융기관 임직원의 보수체계 문제는 금융위기 이후 세계적으로 여론의 집중적인 조명을 받아왔지만, 아직 뚜렷한 국제적 합의나 개혁적 조치의 진전을 보지는 못했다. 앞서 영국의 금융 규제 개혁 사례에서 보았듯이 이번 세계금융위기를 초래한 원인의 하나로 과도한 위험 인수 성향을 유인하는 금융회사 경영진의 보수체계가 지적되었다. 연간 수익을 기준으로 이익이 발생하면 그에 비례해 높은 보수를 지급받는 반면에 손실이 발생할 때 이에 대한 손실을 감수하지 않는 비대칭적 구조의 기존 보수체계가 위험한 투기를 조장한다는 비판이 고조되었다. 특히 이번 금융위기 과정에서 궁극적으로 납세자의 부담으로 귀착될 수 있는 공적자금이 투입된 금융회사의 최고경영진들이 막대한 보너스와 퇴직급여를 수령한 것을 놓고 여론의 비판이 거세지면서, 금융기관 경영진의 보수는 정치적으로도 민감한 문제로 떠올랐다.

금융회사의 민간인 주주 역시 이러한 문제가 일으키는 위험에 노출되어 있다. 경제학에서 이야기하는 '대리인 문제(agency problem)'에 직면해 있는 것이다. 주주는 회사 경영이 부실화되면 기존의 주식이 소각되거나 신규 투자를 유치하는 과정에서 주식이 희석화됨으로써 그 손실을 부담하게 되기 때문이다. 금융회사의 경영과 관련해 공적자금의 투입 주체인 정부는 잠재적 주주로서 회사 경영진에게 나타날 수 있는 도덕적 해이를 감시하고 차단할 필요성에 대해 민간인 주주와 공통된 이해관계를 가진다. 특히 단기 실적과 장기 실적 간의 불일치가 심한 금융 업종일수록 민간인 주주가 경영진의 도덕적 해이를 감시하고 방지할 수 있는 역량이 부족하기 때문에 전문성과 역량을 가진 감독 당국이 경영진을 감시·감독하는 것이 민간인 주주 입장에서도 바람직한 일이다.

그동안 시장 자체적으로도 이러한 문제를 완화하려는 노력을 나름대로 기울여왔다. 예를 들어, 골드만삭스 같은 투자은행들은 기존에도 성과급을 현금과 주식으로 나눠서 지급하고 주식에 대해서는 일정 기간 처분을 제한했다. 특히 CEO 등 최고경영진을 대상으로는 지급받은 주식의 상당 부분을 은퇴 이전에 매각하지 못하도록 제한해왔다. 베어스턴스는 JP모건에 흡수되던 시점에 임직원이 보유하고 있는 자사 주식이 전체 회사 발행 주식의 3분의 1에 달했고, 베어스턴스의 부실을 야기했다는 비판을 받은 전 CEO 제임스 케인은 자산의 대부분을 1340만 주에 달하는 베어스턴스 주식으로 보유하고 있다가 막대한 손실을 입었다 (이상묵, 2009).

최근의 논의는 경영진에게 지급했던 보수를 회사가 부실화되면 회수하는 등 기존보다 장치를 좀 더 강화해야 한다는 데에 초점이 맞춰지고 있다. 그 주요 내용을 살펴보면, 임직원에 대한 보너스의 지급을 현금과 주식으로 각각 2분의 1씩 지급하고, 지급한 주식에 대해서는 4년간 보유를 의무화하며, 현금 부분도 3년에 걸쳐 나눠서 지급하되 사후적으로 자기자본이익률(ROE) 등 경영 실적이 악화되면 앞서 지급하기로 약속한 현금의 지급을 취소할 수 있게 하는 것이다.

이와 더불어 앞서 영국의 금융 개혁 사례에서 본 바와 같이 금융기관의 임원뿐 아니라 일부 직급 직원의 보수도 감독기관에 보고해 지나친 보수 인상과 위험 투자를 조장하는 보수체계에 대해서 감시하고 사회적 압력을 강화하는 방향으로 감독 체계를 개편하기도 했다.

부실 금융기관 정리체계 개선

미국과 영국은 이번 금융위기에 당국이 대응하는 과정에서 부실 금융회사 처리 절차의 문제점이 대두하자 신속한 처리 절차를 위한 대안을 모색했다. 영국에서는 영란은행이 노던록의 부실에 신속히 대응할 권한이 없었던 것이 결국 심각한 뱅크런으로 이어진 것을 놓고 의회 청문회가 열렸고, 그러한 문제를 개선하기 위한 새로운 제도가 필요하다는 의견이 힘을 얻었다. 특히 공적자금을 투입하려면 의회의 사전 승인을 받아야 하는 체계하에서는 초기에 신속히 대응해 위기가 확산하는 것을 효과적으로 방지하는 것이 사실상 불가능하다. 더욱이 여론에 민감할 수밖에 없는 의회로서는 위기가 심화되고 실물경제에 대한 부정적 영향이 가시화되어 국민이 고통을 피부로 느끼기 시작하지 않는 한 공적자금 투입에 동의하기 어렵다. 또한 공적자금을 투입하는 경우에도 주주와 채권자 동의를 거쳐야 하는 일반적인 파산 절차에 따르게 되면 주주나 채권자가 자신의 이익을 보호하기 위해 국민경제를 담보로 동의 절차를 지연시키거나 불합리한 요구를 함으로써 사회적 비용을 증대시키는 경향도 있었다.

미국에서는 이번 금융위기에 대응하는 과정에서 연방준비제도이사회가 부실 금융회사에 대해 사실상 초법적인 지원에 나서지 않을 수 없었다. 연방준비제도이사회는 '연방준비법(Federal Reserve Act)'상 '비정상적이고 긴급한 상황(unusual and exigent circumstances)'에서는 연방준비제도이사회가 누구에게든 대출할 수 있다는 조항을 확대해석해 사실상 행정부, 입법부, 사법부에 이어 누구의 견제도 받지 않는 제4부라는 말이 나올 정도로 사실상 무제한의 재량권을 행사했다. 이번 금융위기의 진행 과정을 고려할 때 이러한 대응이 불가피했다는 점은 인정하나 이런 일이 반복되지 않도록 제도적 장치를 보완해야 한다는 견해가 대두했다. 이런 문제를 해소하기 위해 일정한 요건과 절차에 따라 감독당국이 의회의 별도 승인 없이 자금을 투입할 수 있는 제도적 장치를 도입해야 한다는 주장이 제기되었고, 일부 국가에서는 이를 감독제도 개편에 반영했다.

금융 감독의 국제적 공조 강화

이번 세계금융위기는 그동안 진행된 금융시장의 글로벌화와 세계금융시장의 통합화, 국가 간 연계화의 폭과 깊이를 가늠할 수 있게 한 계기가 되었다. 세계적 금융기관 중에서 미국발 금융위기의 영향을 받지 않은 금융기관은 없었다. 과거에도 특정 국가에서 발생한 금융위기가 타국의 금융기관에 영향을 주었지만, 그동안 진행된 글로벌화로 이제는 어떤 국가나 금융회사도 다른 나

그림 5-3
G20, FSB 및 국제금융기구들 간 관계

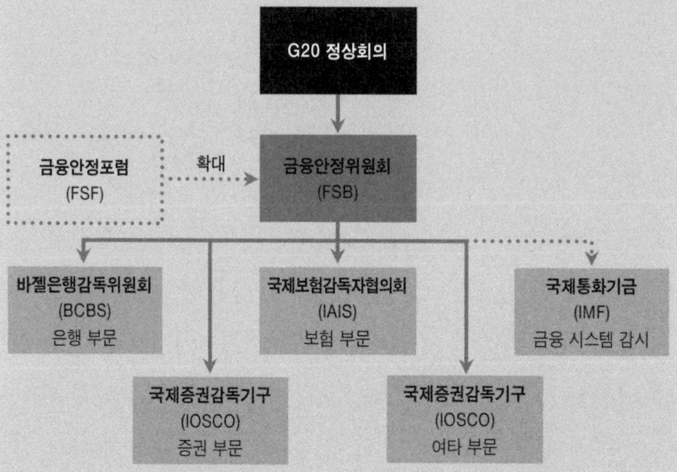

자료: 한국은행(2015).

라에서 발생한 위기에서 자유로울 수 없다는 것이 더욱더 분명해졌다. 그만큼 금융기관들의 국제적 연계성이 커진 것이다. 그 결과 특정한 금융회사의 부실이 시스템 리스크에 미치는 영향을 검토할 때 해당 국가의 금융체계만 고려해서는 안 되며 세계금융체계 전체에 미치는 영향을 고려해야 한다는 점이 강조되고 있다. 또한 국제적으로 일관성 있는 접근을 취하지 않으면 규제 차익 추구 행위로 규제의 실효성이 약화되고 결국 과거처럼 규제의 하향평준화가 벌어질 수밖에 없다는 점에 대해서 공감대가 확산되어왔다. 이에 따라 이번 금융 개혁 논의는 G20, 그리고 FSB라는 국제적 협의체를 통해 주로 진행되어온 것이다(그림 5-3 참조).

6

제6장

금융 발전사는 크고 작은 위기의 반복으로 점철되어 있다. 한 국가 혹은 지역에 국한된 위기도 있었고, 전 세계적으로 확산된 위기도 있었다. 1980년대 미국의 저축대부조합 사태에 따른 위기는 주로 미국이라는 한 국가 내에 국한되었던 데 비해, 1980년대 남미의 외채위기, 1990년대 초반 스웨덴, 핀란드, 노르웨이 등 북구의 금융위기, 1997년의 아시아 외환위기는 지역적으로 확대된 금융위기였고, 1929년 뉴욕 증시 붕괴, 2008년 미국 서브프라임 모기지 사태로 촉발된 금융위기는 전 세계로 확산된 금융위기, 경제위기였다. 세계경제의 중심 국가인 미국에서 발생한 큰 위기였기 때문에 전 세계에 큰 영향을 미쳤을 뿐만 아니라 1980년대 이후 급속하게 진행된 세계화와 각국의 금융·자본 시장 개방, 금융기관의 국제화 및 대형화

그리고 국가 간, 금융기관 간 연계성 강화 추세가 이제 금융위기의 전이에서도 새로운 양상을 불러일으키고 있다. 금융위기는 새로운 것이 아니다. 그러나 위기의 발생 경로나 추이, 그리고 세계적으로 확산되어가는 형태는 과거의 그것과 다르다(Cho, 2012). 바로 이 때문에 금융산업에 대한 새로운 인식, 새로운 규제·감독 체계와 방식, 그리고 금융 규제·감독 정책의 국제적 공조 문제가 세계금융위기 이후 전 세계적 의제로 떠오른 것이다.

2008년 세계금융위기는 1930년대 대공황 이후 세계가 겪은 가장 큰 금융위기 혹은 경제위기로 인식된다. 1930년대 대공황이 금융 부문뿐 아니라 경제 전반에 대한 규제와 정부의 역할을 변화시켰듯이, 2008년 세계금융위기도 금융시장에 대한 일반 시민들의 인식을 크게 바꿔놓았고, 이에 따라 시장과 정부의 역할을 재정립해야 한다는 논의가 일었다. 시장과 정부의 상대적 역할을 놓고 벌어진 경제학의 오래된 논쟁이 다시 부활하고 있는 것이다. 지난 약 2세기 동안 자본주의체제가 고전적 자본주의, 그리고 정부 개입과 복지가 강화된 수정자본주의, 다시 신자유주의로 진화하면서 경제정책의 틀과 제도도 변천을 이어왔다. 그러나 그 어느 제도도 완전하지 못함을 보여주었다. 2008년 세계금융위기는 다시 시장에 대한 신뢰를 떨어뜨리고 시장만능주의에 대한 회의를 키웠으며, 나아가 신자유주의적 철학과 정책 틀에 대한 근본적 성찰과 재구성을 요구하고 있다. 위기 이후 '자본주의 4.0'으로 불리는 새로운 자본주의체제에 대한 모색도 진행되고 있다.

1980년대 이후 빠르게 진행된 세계화와 국제자본시장의 통합은 각국 경제정책의 독자성과 유효성을 크게 제한하고 있다. 로런스 서머스(Summers, 1998)가 주장한 세계화에 따른 공공정책의 트릴레마(trilemma)나 대니 로드릭(Rodrik, 2011)이 주장한 세계화의 패러독스(Globalization Paradox)라는 개념은 결국, 금융 혹은 경제의 국경이 사라지고 있는 현실에서 정치와 정책, 그리고 규제·감독이 17세기 베스트팔렌조약에 근거한 주권국가의 형태에 갇혀 있는 것이야말로 오늘날 세계가 당면한 가장 큰 모순이며, 이에 대해 근본적으로 성찰하고 새로운 대안을 모색해야 한다는 것을 시사한다.

2008년 이후 세계가 한 세대 혹은 한 세기에 한 번 겪을 법한 경제위기·금융위기를 맞게 된 것은 여러 가지 복합적인 요인 중에서도 근본적으로 오늘날 세계경제가 가지고 있는 제도와 시장 현실 간 괴리의 확대에서 기인했다고 봐야 할 것이다. 다시 말해, 이전부터 제도와 시장 현실 간의 이러한 간극이 점점 크게 벌어졌는데도 세계가 그동안 적절히 대응하지 못했기 때문이라는 것이다. 결국 현재 우리가 겪고 있는 경제위기의 근본적인 원인을 한마디로 요약한다면 그것은 시장과 제도의 괴리가 불러온 '제도의 실패'라고 할 수 있다.

세계금융시장: 지속되는 '제도의 실패'

위기는 근본적으로 제도와 시장 현실의 불일치에서 비롯된다. 혹은 기존의 제도가 시장에서 발전한 새로운 움직임을 적절히 조정하고 관리하는 능력을 상실한 데서 비롯된다. 이러한 불일치가 시장의 쏠림 현상을 가중시키고 거품을 키워 어느 날 봇물 터지듯 위기가 덮치는 것이다. 따라서 위기는 과도한 쏠림 현상에서 기인하는 자산가격의 거품, 환율을 비롯한 상대가격의 왜곡을 조정할 것을 요구하고 이를 적절히 제어하지 못한 제도를 개혁할 것을 요구하는 시장의 절실한 외침이기도 하다.

그렇다면 오늘날 세계경제는 어떠한 제도적 문제점을 안고 있는가? 여러 부문에서 문제점을 찾을 수 있겠지만, 좀 더 직접적이고 근본적인 문제는 현재의 국제통화제도 및 국제금융제도의 한계성, 더 나아가 각국의 금융 감독제도의 부적절성에 있다고 봐야 할 것이다. 그리고 더 크게 보면 세계경제 지배구조(global economic governance)의 실패에서 찾을 수 있다. 오늘날같이 각국 경제의 상호의존성이 절대적으로 높아진 상황에서 주요국들의 거시경제정책 조정과 협력을 실효성 있게 관할할 국제제도나 국제기구가 존재하지 않는다. 오늘날 세계금융시장은 마치 하나의 단일 시장처럼 통합되어 있다. 지난 약 30~40년 동안, 특히 1990년대 이후 각국의 자본시장 개방, 금융상품 혁신이 가속화되면서 국제적 자본이동, 세계금융시장의 모습은 그 이전과 판이해졌다. 제2차 세계대전 이후 출범해 전후 국제통화제도로 정착한 브레턴우즈체제하에서 국가 간 자본이동은 경상수지거래가 원활히 일어나도록 지원하기 위한 공적 대차거래와 상업 차관 또는 은행 차관이 주류를 이루었고 자본거래는 엄격히 통제되었다. 그러나 거의 모든 선진국과 신흥경제국에서 자본거래에 대한 규제가 철폐된 오늘날에는 국제자산 간 수익률 차이와 자본이득을 얻기 위한 자본이동 규모가, 경상수지거래를 뒷받침하기 위한 자본이동 규모의 수십 배에 달한다.[1] 그리고 이러한 자본이동은 각국 경제 환경의 아주 작은 변화에도 민감하게 반응해 분초를 다투며 국경을 넘나들고 있다. 오늘날 세계금융시장이 이처럼 단일 시장의 형태로 변화되었는데도 국가 간 자본이동을 규율하고 거래 당사자와 금융기관의 건전성을 일관되게 감독할 세계 감독기구나, 시장의 한 부분에서 유동성 위기가 발생했을 때 최종대부자 역할을 할 세계 중앙은행이 존재하지 않는 실정이다.

앞서 살펴보았듯이, 1971년에 브레턴우즈체제가 무너진 뒤 오늘날 국제통화제도는 어떤 국제적 규칙이나 규범에 따라 작동하는 것이 아니라 자유변동환율제도, 관리변동환율제도, 준고정환율제도 등이 뒤섞인 '혼합제도' 혹은 '무제도'라고 할 수 있다. 이러한 상황에서 미국, 영국, 유럽, 일본 등 선진국은 금융위기를 맞아 전대미문의 초저금리와 양적완화 정책으로 대응해왔다. 미국과 영국은 이러한 정책으로 일단 위기에서 벗어났지만, 경쟁적 초저금리와 통화팽창 정책에 따른 또 다른 통화전쟁과 마주하게 되었다. 이러한 비전통적 통화정책이 오래 지속되면서 세계금융시장의 근저에 초저금리와 과잉 유동성이 가져온 또 다른 리스크 요인이 태동하고 있지만, 시장이 이러한 리스크를 과소평가하고 있다는 불안감이 커지고 있는 것도 사실이다. 여전히 세계금융시장의 불확실성은 지속되고 불안정성도 커지고 있음을 부인하기

1 현재 전 세계의 연간 외환거래량은 상품과 서비스 교역량의 약 60배를 넘는 것으로 추산된다.

어렵다. 언제 다시 위기가 세계경제를 덮칠지 알 수 없다.

세계경제의 불안정성과 위기의 이면에는 단순히 국제자본시장 환경의 변화나 취약한 환율제도뿐 아니라 중국 등 거대 신흥공업국의 급부상에 따른 국제정치의 역학 구도, 세계경제의 구조 변화가 있다. 지난 약 20년은 세계 정치·경제의 큰 변혁기였다. 지난 20여 년, 좀 더 짧게는 지난 10여 년 동안 중국과 인도 경제의 부상은 일찍이 세계경제사에서 유례를 찾기 어려운 현상이었다. 국제무역에서 차지하는 비중이나 세계총생산에서 차지하는 비중을 볼 때, 그들의 부상 속도는 미국이 19세기 후반과 20세기 초반 영국의 자리를 추월하면서 보여준 것과는 비교되지 않을 정도로 빨랐다. 1870~1913년 미국 경제의 연평균 성장률은 약 3%대로 추산되는 데 비해, 지난 20년간(1988~2008년) 중국 경제의 연평균 성장률은 10%에 달한다. 1870~1913년 당시 미국 경제는 상당히 폐쇄적이었고 국내총생산 대비 수입의 비중이 대략 4~7% 사이로 안정되어 있었다. 그런데 오늘날 중국 경제는 그보다 훨씬 개방되어 무역이 국내총생산액에서 차지하는 비중은 60%에 가깝다. 이러한 중국의 급속한 부상이 세계경제에 불러일으키는 문제가 결코 만만한 것일 리 없다. 지난 세계 역사를 돌아보건대, 새로운 세력이 부상할 때면 어김없이 세계 곳곳이 소용돌이와 격동에 휩싸이곤 했다. 오늘날에도 예외는 아닌 것이다.

구소련과 동유럽의 사회주의체제가 붕괴하면서 지난 20년 동안 총 4억 인구에 해당하는 국가들이 시장경제체제로 편입되었다. 이와 더불어 1990년대 이후 12억 인구의 인도도 과거의 사회주의식 계획경제체제에서 탈피해 수입장벽을 낮추며 경제개혁을 시작했고, 13억 인구의 중국 역시 개방과 시장 자율화에 속도를 내기 시작하면서 두 나라 약 25억 인구가 본격적으로 시장경제체제에 편입되었다. 결국 지난 20년 동안 전 세계 노동인구의 절반을 가진 이 나라들이 시장경제체제로 들어온 것이다. 훗날 세계사에 이는 세계경제의 지각을 뒤흔든 놀라운 사건으로 기록될 것이다. 세계경제가 이러한 대변혁을 겪으면서 과거의 제도가 제대로 작동하지 못하고 이에 따라 새로운 제도와 지배구조가 요구되는 것은 너무나 당연한 일이다.

최근 세계가 겪고 있는 금융위기나 경제위기도 바로 이러한 변화에 상응하는 세계경제제도의 변화를 촉구하는 신호라고 할 수 있다. 1997년 한국의 외환위기와 금융위기는 당시 한국 경제가 채택하고 있던 제도[2]와 빠르게 변화하는 시장 환경의 괴리에서 기인했으며, 따라서 기업과 금융 부문의 주요 제도를 개혁하고 자산·부채 구조를 대폭 조정함으로써 그러한 위기를 극복할 수 있었다. 아직 금융위기와 경제위기의 늪에서 벗어나지 못한 세계경제도 결국 국제통화제도와 국제금융체계의 개혁, 그리고 이를 통한 시장의 구조조정으로 대응해야만 장기적인 안정과 번영을 기대할 수 있다.

현재의 국제통화제도는 지난 약 20년간 진행된 세계경제 상황의 변화에 잘 맞는 제도라고 할 수 없다. 거기에 내재된 여러 가지 한계가 세계경제의 불균형을 지속시키고 금융시장의 취약

2 여기서 말하는 제도는 더글러스 노스(North, 1990)가 정의하는 광의의 '제도(institutions)'를 의미한다. 즉, 제도와 제도를 운영하는 방식, 관행을 포함하는 의미다.

성과 불확실성을 심화시키는 요인이 되고 있다. 그러나 이를 어떠한 방향으로 개편해야 할 것인지를 놓고는 국가 간, 학자 간에 여러 이견이 존재한다. 과거에도 그랬듯이 국제통화제도 개편은 결국 단순한 경제적 합리성이나 효율성 측면이 아니라 국제정치의 역학구도, 협상과 타협, 시장의 선호 등에 의해 점진적인 변화를 이루어갈 것으로 보인다. 그리고 그 성패는 향후 주요 국가 간에 거시경제정책에 대해 얼마나 원활하게 협의와 공조를 이룰 것인지, 그리고 세계경제의 제도 개편을 적절하게 이루어낼 수 있는 세계경제 지배구조를 어떻게 정착시켜나갈 것인지에 달려 있다고 볼 수 있다. 이처럼 이번 세계금융위기는 새로운 제도, 새로운 정책(금융 감독정책을 비롯해)의 틀을 모색하는 계기가 되었고, 세계 각국에서 이러한 새로운 모색을 요구하는 목소리는 쉽게 잦아들지 않을 것으로 보인다.

오늘날 세계와 각국이 경험하고 있는, 제도와 시장 현실의 괴리에서 비롯된 여러 가지 문제를 해결하려면, 결국 제도를 시장 현실에 맞게 개혁해나가야 한다. 만약 각국의 정치체제나 정치적 현실로 말미암아 제도를 개혁하는 데 어려움이 있다면, 금융시장의 세계화 속도를 조절해 제도의 한계를 부분적으로 수용하려는 노력을 기울일 수밖에 없다. 세계금융위기 이후 전 세계는 사실상 이 두 가지 측면의 노력을 모두 해오고 있다. 우선 필요시 각국이 자본 규제 수단을 강화하는 것을 IMF 등 국제기구들이 수용하거나 권고하게 된 것은 큰 변화이며, 후자에 해당하는 노력이라 할 수 있다. 한국도 세계금융위기 이후 이른바 자본 규제 '3종 세트'[3]를 도입한 바 있다. 다른 한편으로 세계 각국은 세계 정부나 세계 중앙은행, 세계 감독기구의 설립이 현실적으로 불가능한 상황에서 감독정책과 거시정책의 국제 공조를 강화하려는 노력을 기울이고 있다. 이는 전자에 해당한다고 볼 수 있다.

이번 세계금융위기를 계기로 G20 정상회의라는 새로운 세계경제 지배구조체가 출범했다. 과거에 비슷한 역할을 해온 G7 정상회의만으로는 더 이상 세계경제 문제에 적절히 대응해나갈 수 없게 되었다는 현실적 인식이 반영된 것이다. G20 정상회의는 2015년 11월 15일 터키 정상회의까지 열 차례에 걸쳐 열렸고, 2008년 시작된 이후 지난 7년 동안 IMF를 포함한 국제기구의 개편, FSB와 같은 새로운 기관의 설립을 통해 국제통화제도와 금융 규제·감독 개편을 주도해왔다. 아직 현재진행형이지만 금융 규제·감독 개편에 관한 논의에서는 이미 많은 결론을 내렸고, 여러 분야에서 새로운 규제에 대한 국제적 지지와 공조를 이루어냈다. 또한 주요국, 특히 영국과 미국은 이미 자국 내 정치 과정을 통해 새로운 금융 감독체계와 규제의 틀을 도입하기도 했다.

결국 세계 중앙은행, 세계 감독기구, 세계 예금보험공사의 설립이 가까운 시일 내에 불가능한 상황에서는 세계금융시장의 단일화 속도를 국내정책으로 적절히 견제하는 동시에 국내의 금융 규제·감독을 강화하는 것이 현실적 선택이 된다. 그리고 지난 7년간 주요국들의 금융 감독정책은 대체로 그러한 방향으로 움직여왔다고 할 수 있다.

3 외환 건전성 부담금(은행세) 부과, 선물환 포지션 규제, 외국인 채권투자 과세를 일컫는다.

금융 규제·감독의 세계적 흐름과 한국

국내 금융 부문의 안정적 발전과 성장을 위해 한국은 금융 규제·감독을 둘러싸고 벌어지는 세계적 추세를 어떻게 평가하고 어떤 규제의 틀과 방향을 정립해나가야 할 것인지 깊이 모색해야 하는 과제를 안고 있다. 이미 금융시장이 거의 완전히 개방된 한국도 금융 규제·감독을 비롯한 금융정책의 세계적 논의와 조류에서 자유로울 수 없다. 특히 한국은 G20 회원국으로서 FSB, BIS에 참여하며, 거기서 결정되는 사항을 따라야 한다. 이에 따라 한국의 은행들은 바젤 III, 그리고 FSB에서 정한 SIFI 규제 등을 적용받는다. 꼭 그렇지 않더라도 금융 부문의 안정성을 높이고 향후 중장기적으로 경제를 안정적으로 성장시키려면 그동안 G20을 중심으로 논의된 거시건전성 규제·감독, 대형 금융기관에 대한 규제, 금융소비자 보호 강화, 금융기관 보수체계 개편, 자본시장 투명성 강화 등에 대해 좀 더 경각심을 가지고 금융 부문 정책에 대해 새로운 시각으로 접근해야 한다.

한국의 금융 부문은 산업이라는 측면에서 여전히 상대적으로 낙후된 상태여서 효율성을 키우고 더욱 발전시켜야 할 필요성이 있다. 그동안 국내 금융 부문의 자산 축적 규모는 크게 늘어났지만, 해외 금융기관의 국내 진출 등과 더불어 국내 시장의 경쟁이 치열해지고 향후 사업 확장 기회도 크지 않은 것이 사실이다. 이것이 한국 금융기관의 해외 진출과 국내금융시장의 국제금융센터로서의 부상이 주요한 과제로 떠오른 배경이다.

그러나 이러한 금융기관 또는 금융산업을 위한 정책이 향후

그림 6-1
주요국 부채 규모

※ 기업부채는 비금융기관 기업부채만을 포함함.

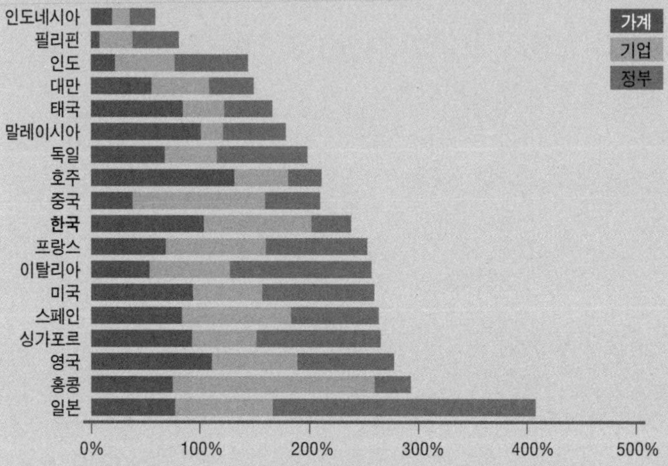

자료: Standard and Chartered Bank(2012).

거시경제 운영, 국가경제 전체의 안정적 성장 기반 조성이라는 측면과 어떻게 상호작용할 것인지를 신중하게 고려해봐야 한다. 이미 한국 금융 부문이 국내총생산(GDP)에서 차지하는 비중은 선진국 수준에 도달해 있다. 국내총생산 대비 총부채(기업, 가계, 정부 포함)의 평균 비율이 OECD 국가들은 260% 정도인 데 비해, 한국은 280%를 넘고 있다. 한국은 정부 부채 규모가 상대적으로 작기 때문에 가계와 기업을 포함한 민간 부문의 금융 부채 규모는 국제금융도시라는 특이한 성격을 가진 홍콩을 제외하면 세계에서 가장 높은 수준이다(그림 6-1 참조). 따라서 한국의 금융 당국은 다른 어느 나라 금융 당국 못지않게 금융 부문의 안정성 확보에 중점을 두고 이를 위해 최선을 다해야 하는 상황이다.

책 서두에서도 거론했듯이 금융 부문의 국가경제에서 담당하는 역할을 고려할 때 경제가 안정적이고 지속적으로 성장해나가려면 금융 부문의 안정성을 확보하는 것이 무엇보다 중요하다. 그런데 다른 한편으로 금융 부문도 국가경제의 주요 산업 중 하나로서 수익성과 효율성을 추구할 수밖에 없다. 따라서 안정성과 효율성, 나아가 오늘날처럼 개방된 서비스 시장에서 금융기관의 국제경쟁력 강화라는 점까지 고려해 금융 관련 정책과 규제·감독을 추구해나가야 한다. 안정성과 효율성, 이 둘 사이의 목표에서 적절한 균형을 이루어나가는 것이 금융 감독정책의 중요한 과제라 할 수 있다. 나라마다 처한 환경이 다르고 금융시장과 금융기관, 금융 감독체계의 상황과 관행이 달라 일률적으로 해답을 구하기는 어렵다. 각국이 현재 서 있는 지점을 고려해 안정성과 효율성 간의 적절한 균형점을 찾는 것이 오늘날 금융 감독 당국이 풀어야 할 과제다. 규제·감독은 시장과 금융기관들이 원하는 대로 해주어서도 안 되는 것이다. 이를 위해 먼저 전 세계적으로 논의되고 추진되어온 주요 금융 규제 개혁 과제를 나름대로 분석·평가하고, 이러한 바탕 위에서 한국의 현실에 맞는 금융정책 방향을 모색해야 할 것이다.

거시건전성 감독

거시건전성 감독 강화는 이번 세계금융위기를 계기로 가장 많은 주목을 받으면서 다뤄진 규제 개혁 주제라 할 수 있다. 모든 금융위기는 경기 순환과 관련한 거품의 형성과 붕괴, 신용의 팽창과 위축, 금리의 변동과 연결되어 있다. 사실, 거시건전성 감독이라는 용어를 직접 사용하지는 않았다 하더라도 거시건전성 규제의 중요성에 대한 인식은 금융과 경제를 연구하는 사람들에게는 결코 새로운 것이 아니다. 그런데도 거시건전성 감독이라는 주제가 다시 부상한 것은 바로 지난 20년간 '신경제', '이번에는 다르다'와 같은 주장들이 시장과 정책을 주도하며 거시건전성에 대한 주의를 흩뜨렸기 때문이라고 할 수 있겠다.

그러나 거시건전성 감독의 중요성, 또한 거시건전성 감독을 강화해야 한다는 인식의 정당성에도 불구하고, 실제 정책을 운용하는 차원에서는 거시건전성 감독을 강화하는 데 많은 한계에 부딪히게 되는 것이 사실이다. 일단 거품이 형성되고 나면 거품이 갑자기 붕괴하는 것을 막으면서 그 압력을 서서히 완화하는 것이 쉽지 않다. 그래서 거품이 형성되지 않도록 사전에 관리하는 것이 중요하지만, 경기가 상승 국면에 있을 때는 그것이 지속가능한 상승세인지 거품인지를 판단하는 것이 그리 쉽지 않다. 항상 '이번에는 다르다'는 논리를 제시하는 전문가들이 있기 마련이고, 사람들은 그들의 말을 더 믿고 싶어 한다. 어느 정도가 거품인지, 거품을 막기 위해서는 어떠한 정책 수단을 써야 하는지, 그 정책 수단을 썼을 때 자칫 경제 전체를 위축시켜 경기 침체와 실업을 가져오게 되지는 않을지 등을 놓고 지금도 논의가 지속되고 있다. 현재 한국의 부동산 가격 수준, 가계부채 수준을 놓고 벌어지는 논쟁도 마찬가지다. 결국 이는 정치적 동기와도 관련되어 해당 국가의 정치경제(political economy)에서 큰 영향을 받을 것이며, 결국 언젠가는 대응에 실패한 사례가 또다시 나올 것이다. 지난 2~3년간 한국 정부가 취해온 경제정책은 이러한 측면에서 우려를 더욱 키우는 것이었다.

한국은 거시건전성 감독 강화와 관련해 우선 현 제도가 적절한지 되돌아보고 이를 개선할 방법을 모색해야 한다. 우선 한국은 거시경제정책을 담당하는 기관인 기획재정부와 한국은행, 그리고 미시적 감독 당국인 금융위원회와 금융감독원 간의 역할 분담과 협조체계에 대해 좀 더 구체적인 논의를 진전시킬 필요가 있다. 2011년 '한국은행법' 개정으로 한국은행에 '물가 안정'에 더하여 '금융 안정'이라는 역할이 새로이 추가되었다. 그러나 통화정책 당국인 한국은행이 '금융 안정'이라는 목표를 어떻게 수행해 나갈 수 있을지에 대해서는 충분한 토의가 진행되지 않았고 구체적인 대책도 마련되지 않은 것으로 보인다. 금리 조정으로 자산가치의 거품 위기에 대처한다는 것이 적절치 않다는 점은 이미 거시경제와 화폐금융론을 전공하는 이들이 공감하는 바다. 그렇다면 실제로 개별 금융기관뿐 아니라 금융시장 전반에 대한 감독권이 없는 한국은행이 어떤 수단으로 금융 안정을 도모할 수 있을지는 여전히 풀지 못한 과제로 남아 있다.

이와 관련해 영국에서는 영란은행 산하에 금융감독청(FSA)이 흡수되고 영란은행 내에 통화정책위원회(Monetary Policy Committee: MPC)뿐 아니라 금융정책위원회(FPC)가 새로 설치되었다. 미국에서는 금융서비스감시위원회(FSOC)가 거시건전성 감독을 위해 새로 설치되었고, 중앙은행인 연방준비제도이사회의 감독권과 감독 범위도 강화되었다. 이에 비하면 한국의 거시건전성 감독 강화는 조직적 체계 면에서 훨씬 덜 구체적이고 모호한 상태다. 심층적인 토의를 거쳐 협의체와 협의 방식, 정책 수단을 좀 더 구체화해야 할 것이다.

대형 금융기관에 대한 규제

그동안 세계적으로 진행된 대형 금융기관에 대한 규제 강화 논의도 우리가 참고해야 할 부분이다. 한국의 대형 금융기관은 국제적으로 볼 때 아직 규모가 상대적으로 작은 편이다. FSB와 BCBS에서 발표한 G-SIBs에 2015년 기준으로 일본의 금융기관이 세 곳, 중국의 금융기관이 네 곳 포함되었으나, 한국의 금융기관은 단 한 곳도 포함되지 않았으며 당분간 포함될 가능성도 없다. 한편 국내 대형 금융기관(D-SIBs) 규제에 대해서는 국가 간 의견 차이가 커서 FSB도 각국의 감독 당국에 상당한 재량권을 부여하고 있는 상황이다. 그러나 한국 금융시장의 집중도가 높고, 금융 부문과 경제 전체에 시스템 위기를 유발할 수 있을 만큼 규모가 큰 국내 금융기관은 4대 금융지주회사를 비롯해 다수가 존재한다. 따라서 대형 금융기관의 규제, 또는 금융기관의 대형화에 대해 우리가 어떤 입장을 취해야 할 것인지는 한국에도 중요한 과제라 할 수 있다.

1980년대 이후 금융업은 대형화·복합화 추세를 보였다. 이는 정보통신기술과 조직관리기법의 발달 등으로 금융기관의 운영에서 규모의 경제와 범위의 경제가 함께 발휘되었기 때문이다. 금융기관의 경쟁력을 높이려면 영업 업무와 대고객 서비스의 전

산화가 필수적인데, 이러한 전산화는 막대한 고정비용 투자를 필요로 하기 때문에 규모의 경제가 과거보다 더욱 중요해진 것이다. 소득과 자산이 증가하고 포트폴리오 투자에 대한 인식이 높아지면서, 한 고객을 상대로 다양한 금융상품을 패키지로 묶어 판매하는 이른바 '원스톱 마케팅' 내지 '크로스셀링(cross-selling)' 방식에 대한 관심이 커진 것도 규모의 경제와 범위의 경제를 확대해 대형화·복합화 추세를 이끈 한 요인으로 볼 수 있다.

대공황 이후 '글래스-스티걸법'에 의거해 상업은행과 투자은행을 분리하는 정책을 채택했던 미국이 클린턴 정부 시절에 분리정책을 폐기한 것도, 이러한 환경 변화로 금융업의 경쟁력을 높이는 데 대형화·복합화가 필요해졌기 때문이었다. 미국에서는 인수합병을 통한 대형화·복합화가 진행되어 1990년과 2008년 사이에 은행 수가 1만 5000개에서 8000개 수준으로 줄었고, 금융회사가 보유한 총자산에서 상위 10대 금융회사의 점유율이 10%에서 50% 수준까지 증가했다. 이러한 추세에 대해 우려의 목소리도 있었다. 우선 일반적인 경쟁정책의 관점에서 볼 때 대형화나 복합화가 경쟁을 저해하고 금융소비자의 복지를 침해할 수 있다는 점이 지적되었다. 또한 경영 문화와 리스크의 성격이 서로 다른 금융 업종을 동시에 경영하면 리스크 관리에 문제가 생길 수 있다는 지적이 업계에서도 제기되었다. 이는 보수적 상업은행의 경영 문화가 투기적 투자은행의 경영 문화에 압도될 수 있다는 우려에서 나온 것인데, 그러한 우려는 세계금융위기를 통해 상당 부분 현실로 드러났다.

대규모 복합금융그룹에 대한 규제 강화의 논거로는 예금 보호라는 공식적인 안전망이 제공되지 않는 금융회사도 그 규모가 크다면 대마불사라는 암묵적인 안전망에 기댄 경영진의 도덕적 해이가 벌어질 소지가 있다는 점, 그리고 시스템 리스크 방지 차원에서 은행에 제공하는 안전망이 복합금융그룹 소속의 다른 금융회사로 확장될 수 있다는 점 등이 지적되어왔다. 이와 더불어 대형 금융회사의 실패가 시스템 리스크로 이어질 가능성이 크다는 점만으로 특별한 규제를 적용할 필요가 있다는 주장도 제기되었다.

대마불사라는 인식은 공식적인 제도적 안전망이 없는 대규모 금융회사에도 사실상의 안전망을 제공함으로써 예금보험 같은 제도적 안전망과 유사한 문제점을 가져온다. 즉, 안전망의 존재로 예금자나 채권자가 금융기관의 건전성을 감시하는 데 소홀해져 시장규율이 제대로 작동하지 않게 될 수도 있다는 것이다. 그 결과 경영진이 단기 성과에 치우쳐 지나치게 공격적으로 위험을 인수하는 행태가 방치될 수 있다. 따라서 예금보험이라는 공적 안전망이 제공되지 않는 금융회사 중에서도 일정 규모 이상인 회사에 대해서는 새로운 규제를 도입하거나 현존하는 규제를 강화해야 한다는 주장이 제기되었다. 영란은행 전 총재인 머빈 킹(Mervyn King)과 연방준비제도이사회 의장을 지낸 폴 볼커(Paul Volcker)는 일정 규모가 넘는 대규모 금융회사에 대해 분할 명령을 내리거나 아예 상업은행과 투자은행을 다시 분리해야 한다는 견해를 밝히기도 했다. ≪파이낸셜 타임스≫ 수석칼럼니스트인 마틴 울프(Martin Wolf)도 은행산업이 본연의 역할인 지급결제 기능에 집중해야 한다면서 대형 금융기관의 분할을 주장하는 칼럼을 여러 차례 싣기도 했다.

한국 역시 대규모 복합금융그룹에 대한 감독을 강화하기 위해 감독 당국이 보유한 자원을 집중적으로 투입하여 모니터링과 규제의 실행력을 강화해야 한다는 점에 대해서는 별다른 이론의 여지가 없을 것이다. 물론 2012년 저축은행 부실 사태에서 경험했듯이 소규모 금융기관에 대한 감독도 소홀히 해서는 안 된다는 전제하에서다. 다만 대형 금융기관에 대해서는 자본금, 유동성, 레버리지, 리스크 관리 등에 대한 규제를 소형 금융기관과 차등화해서 더욱 강화해야 한다는 점은 충분히 고려해야 한다. 이러한 규제 강화로 당장 대형 금융기관의 자본 수익성은 떨어질 수 있다. 결국 한국의 금융 감독 당국이 수익성과 안정성 중에서 어디에 더 비중을 둘 것인지를 신중하게 판단해야 하는 문제인 것이다. 필자는 한국이 바젤 III가 요구하는 자본적정성보다 오히려 더 높은 규준을 적용하는 것도 고려해봐야 한다고 생각한다. 한국의 7대 시중은행 중 두 곳은 외국인 투자자가 100% 소유·경영하고 있고, 우리은행을 제외한 모든 은행의 지주회사 지분의 약 3분의 2를 외국인이 보유하고 있다. 이들이 레버리지를 높이고 위험 투자를 지속해 수익성을 높이면 그 열매는 거의 외국인 주주들 손에 들어가게 되지만, 부실이 커져 공적자금 투입이 필요한 상황이 되면 그 부담은 고스란히 국가재정과 국내 납세자들이 떠안게 된다는 사실을 유념해야 한다.

최근 한국에서 국내 금융기관의 대형화를 역설하는 가장 큰 이유는 바로 국제경쟁력이다. 해외에서 기업공개(IPO)나 증권인수(underwriting)를 하려면 자본금과 자산 규모가 일정 수준 이상

뒷받침되어야 한다. 그런데 현재 국내 금융기관, 특히 증권회사의 규모로 해외의 대형 투자은행이나 금융기관과 경쟁하기는 현실적으로 어려운 것이 사실이다. 한국의 다른 기업들이 이미 대형화·세계화되어 있는 상황에서 금융기관이라고 더 많은 고객을 확보하기 위해 세계시장에 나서지 말란 법은 없고, 그러려면 한국의 금융기관도 대형화되어야 한다는 것이다. 또한 일반 상업은행이나 보험회사도 국내 시장이 어느 정도 포화 상태에 이르렀기 때문에 해외 진출을 통해 영업 기반을 넓힐 필요가 있고, 이를 위해서는 역시 대형화가 필요한 것이 사실이다.

한편 규모가 큰 금융기관에 대해 규제를 강화한다고 해서 시스템 리스크가 완화되고 금융위기가 발생할 가능성이 줄어든다고 단언하기 어렵다는 견해도 있다(Turner, 2010). 또한 대규모 금융회사일수록 포트폴리오의 다변화와 효과적인 리스크 관리체계 구축을 통해 자체적으로 리스크를 흡수할 능력이 상대적으로 더 크다는 점을 고려한다면, 금융회사의 규모를 억제하는 것이 건전성 제고라는 측면에서 반드시 긍정적인 방향으로 작용할지에 대해 확신하기 어려워진다는 점도 부인하기 어렵다. 그러나 금융회사의 규모가 클수록 더 큰 도덕적 해이에 노출되기 쉽고, 따라서 다른 조건이 같고 정상적인 경제 환경이라면 대규모 금융회사의 실패가 소규모 금융회사의 실패보다 더 심각한 시스템 리스크를 야기할 가능성이 크다는 점에서, 금융기관의 대형화 추세를 적절히 견제할 필요는 있다고 할 수 있다.

앞서 대형 금융기관 규제와 관련한 논의에서 살펴보았듯이, 대형 금융기관은 대마불사라는 인식으로 도덕적 해이에 빠지기 쉽고, 이것이 위험에 대한 내부적·외부적 규율을 약화시켜 부실의 위험성을 높일 수 있는데, 부실해진 금융기관을 구제하는 데 드는 비용은 금융기관의 대형화가 진행될수록 커지며, 이는 고스란히 국가재정과 납세자의 부담으로 전가된다는 점에서 금융기관의 대형화를 견제해야 한다는 것이다. 예를 들어 스위스에는 국가경제 규모에 비해 자산 규모가 매우 큰 UBS나 크레디트 스위스(Credit Swiss) 등 세계적인 대형 금융기관이 많은데, 스위스 정부는 이러한 대형 금융기관이 부실화되었을 때 재정적 부담과 납세자의 피해가 상대적으로 커질 것을 우려해 바젤 III가 요구하는 자기자본 비율보다 훨씬 높은 비율(17%)을 자국의 대형 금융기관에 적용하려고 하는 것이다.

한편, 대마불사 인식과 같은 맥락에서, 정부와 금융 감독 당국은 대형 금융기관의 부실화에 따른 시스템 리스크와 재정 부담을 막고자 대형 금융기관에 대해 정책적으로 배려하거나 감독 시 문제를 묵인해줄 가능성이 있다. 다시 말해 정부의 금융정책이나 감독정책이 대형 금융기관에 포획될 수 있다는 것이다. 개별 금융기관이 대형화되면 단순히 금융시장에서의 경쟁력과 지배력이 확대되는 것뿐 아니라, 월스트리트의 사례에서 볼 수 있듯이, 정치·사회·경제 전반에 대한 영향력 또한 확대되며, 더 나아가 국가 전체가 그러한 영향력의 포로가 될 수 있다는 우려도 있다(Boone and Johnson, 2011). 대형화는 또한 경쟁 제한적 가격 담합 및 가격 주도를 불러와 금융소비자의 복지를 저해할 수도 있다.

논의를 종합해보면, 한국의 개별 금융기관과 금융산업의 입장을 고려할 때 금융기관의 대형화는 필요하다고 할 수 있다. 그러나 국가경제라는 좀 더 큰 입장에서 볼 때 이는 신중을 기해야 할 과제다. 금융기관 대형화에 대한 정책 방향은 궁극적으로 우리가 금융 부문과 금융산업을 어떻게 인식하는가에 달려 있다. 금융산업을 전자나 반도체, 조선 산업처럼 여기고 삼성전자 같은 세계적 기업의 출현을 바란다면 대형화를 허용하거나 추진하는 것이 바람직하다고 볼 것이다. 하지만 장기적으로 금융 부문의 안정성과 국가경제의 안정적인 성장을 선호한다면 대형화에 대해 다소 유보적인 태도를 가지게 될 것이다. 나아가 금융 부문의 국제화로 금융 부문이 실물 부문에 비해 일정 수준 이상으로 커질 때 이것이 국가경제에 어떤 영향을 미칠지, 그리고 성장과 안정이라는 관점에서 국제금융센터로의 부상이나 금융기관의 대형화·국제화가 국가경제의 안정성 등 그와 다른 측면을 희생하면서 추구할 가치가 있는지 등에 대한 인식과 철학을 바탕으로 조심스럽게 정책 방향을 결정해나가야 할 것이다.

특히 한국과 같이 원화가 국제통화로 사용되지 않고 경제 규모가 상대적으로 작은 나라에서 세계적 대형 금융기관이 출현하는 것은, 한편으로 그러한 금융기관의 국제화·대형화 정도에 비례해 국가경제의 안정적 성장이 위협받을 수도 있는 일이라는 점을 유념해야 한다.

과잉 규제 방지와 과잉 규제 완화의 경계

금융 부문에 대한 규제·감독을 강화하는 것이 현재 세계적인 추세로 나타나고 있지만, 다른 한편으로 과잉 규제를 경계할 필요도 있다. 미국이나 영국 등 유럽에서는 큰 위기를 겪으면서 생겨난 국민의 정서가 반영되어 자칫 과도한 규제를 도입하고 있을 가능성도 있다. 다행히 한국은 위기의 진원지에서 멀리 떨어져 있었던 덕에 외환시장의 불안을 배제하면 금융 부문의 충격이 상대적으로 작았고, 위기가 정치적으로 큰 파장을 일으키지는 않았다. 외환시장의 불안에 대해서는 한국도 이미 이른바 규제 '3종 세트'와 같은 자본 규제 수단을 도입해 거시건전성을 위한 조치를 취한 상태라고 할 수 있다. 또한 지금 세계적 추세로 나타나고 있는 규제·감독 강화의 상당 부분이 전에 없던 새로운 시도이기 때문에 그 효과나 부작용이 향후 어떻게 나타날지 시장에서 충분히 검증되지 않은 것이 사실이다. 따라서 한국이 이러한 세계적 추세를 맹목적으로 따라가는 것에 대해서도 신중해야 한다.

세계금융위기 이후 한국은 정부의 경제 활성화 대책의 일환으로 규제 완화 드라이브에 발맞춰 금융 부문에 대한 규제도 더욱 완화하려는 움직임을 보여왔다. 2009년 이명박 정부에서는 금융지주회사의 대형화와 겸업화를 촉진하고 금산분리 규제를 완화하는 법안이 통과되었다. 또한 박근혜 정부가 들어선 이후 2014년에는 거의 모든 국가가 거시건전성 감독 강화를 추진하는 가운데 한국은 그 주요 수단인 LTV와 DTI 규제를 완화했다(물론 기존의 규제 수준이 다소 높은 측면도 있었다). 지금도 규제 개혁 관련 회의에서는 금융 규제를 더 완화해야 한다는 목소리가 크고, 금융 부문의 삼성전자를 육성해야 한다는 주장도 계속 들려온다. 금융 부문이 GDP의 10%에 달하도록 성장시키는 것을 금융정책의 목표로 삼아야 하며 이를 위해 더 많은 규제를 완화해야 한다는 의

견도 제기된다.

물론 한국의 금융 감독 행정은 개선되어야 한다. 법령에 근거한 감독보다 모범규준, 권고사항, 행정지도, 구두에 의한 개입 등이 오히려 금융회사들의 경쟁과 자율을 제한하고 경영에 대한 부담을 키우는 면이 많은 것이 사실이다. 또한 금융 부문에 대한 정치적 개입이 금융 감독 당국을 통해 행해지는 경우도 많다. 금융기관 인사 개입뿐 아니라 정부의 정책 목표, 가령 녹색금융, 기술금융, 미소금융, 창조금융 등은 주로 재정자금을 바탕으로 추진되는 것이 옳은데도 금융기관을 압박함으로써 그러한 정책 목표를 이루려는 습관이 여전히 지속되고 있다. 금융 감독 행정은 지금보다 더 투명해져야 한다.

그러나 동시에 한국에서도 금융 규제·감독의 정치적 포획을 다른 나라들 못지않게 경계해야 한다. 미국의 월스트리트가 정치자금을 제공하면서 쌓은 로비력을 바탕으로 미국의 금융 규제 완화를 유도했고 이것이 결국 2008년 금융위기를 초래했다는 주장은 우리도 익히 들어왔다. 하지만 한국의 정치·언론·학계·관료 환경을 들여다보면 한국 역시 그에 못지않게, 혹은 오히려 더 심하게 금융에 포획된 상황으로 보인다. 종합편성채널이나 케이블 방송의 주요 광고주는 보험회사, 저축은행, 증권사, 금융지주회사다. 다른 언론사도 금융회사가 주요 광고주인 경우가 많다. 한편 한국의 은행, 증권, 보험 등 각종 금융 관련 협회는 모두 각기 산하에 큰 연구원을 두고 예산을 지원하며 우수한 연구자를 확보하고 있다. 이곳에서 이루어지는 연구는 소속된 협회의 이익을 대변하여 여론을 협회에 유리한 방향으로 조성하려는 경우가 많다. 특히 연구원이 소속한 협회의 회원 금융기관에 대한 규제 완화를 주장하는 연구 결과물과 세미나가 많다. 많은 금융·경제·경영 관련 학회의 주요 후원자도 금융회사들이다. 또한 한국에서는 전직 관료가 금융회사에 어느 나라 못지않게 많은 자리를 차지하고 있다.

이러한 환경에서는 금융 규제·감독을 강화하는 것보다 완화하려는 압력이 늘 강하게 작용하기 쉽다. 반면에 금융 규제 강화는 늘 여론의 따가운 비판을 받곤 했다. 따라서 한국은 지금보다 감독 당국이 정치적 압력이나 시장, 여론의 압력으로부터 훨씬 더 독립적일 수 있는 제도적 장치를 마련해야 한다.

한국의 경제제도, 정부조직, 법체계에 맞는 금융 감독체계 정립

금융 감독체계는 정부조직이나 정치적·사회적 환경, 법체계 등을 고려해 당국 간 상호 협력과 견제가 유지될 수 있도록 설계할 필요가 있다. 무엇보다 중요한 것은 금융 당국 간 협력을 통해 미시건전성 감독과 거시건전성 감독이 유기적으로 이루어질 수 있게 하며 감독기관의 정치적 중립성이 존중될 수 있는 체계를 만드는 것이다. 이러한 관점에서 영국과 미국의 금융 감독체계 개혁은 거시건전성 감독의 강화를 위한 적절한 감독모형의 모색이라는 문제의식에서 출발한 것으로 볼 수 있다. 이들의 금융 규제 개혁 관련 법안은 위기를 보는 시각은 물론, 이들의 정치적·경제적 상황 등이 서로 달라 감독모형의 선택과 그 세부 내용에서 약간 차이는 있으나, 이번 금융위기를 계기로 금융기관을 더욱 안전하고 견고하게 하기 위한 규제 강화와 금융소비자 보호를 도모한다는 점에서 공통점이 있다.

과거에도 감독체계의 보편적인 표준형은 존재하지 않았고, 현재에도 거시적·미시적 건전성 감독을 아우르는 이상적인 감독체계는 존재하지 않는다. 영국과 미국에서 추진된 금융 규제·감독 체계 개혁이 그들의 정부조직과 법체계, 금융시장 환경에 따라 다른 형태로 이루어지듯이, 한국도 한국의 상황에 적합한 규제·감독 체계의 개편을 모색해야 한다. 무엇보다 금융 감독 실태와 금융구조조정의 경험 등에 입각해 개편 방향을 판단해야 하는 것이다.

필자는 지금 한국의 감독체계에 몇 가지 한계가 있다고 본다. 첫째, 거시건전성 감독체계가 제대로 갖춰져 있지 않다. 거시경제정책을 담당하는 기획재정부, 통화정책을 담당하는 한국은행, 미시적 감독의 책임을 지고 있는 금융위원회·금융감독원 간의 협의를 위한 상시적 협의체에 관한 법적 기반이 마련되어 있지 않으며, 현재 관행적으로 이루어지는 협의체를 통해 정보 교환과 협력이 긴밀히 이루어지고 있다고 보기도 어렵다. 둘째, 금융위원회가 기존에 재정부가 담당하던 금융정책을 감독정책과 함께 수행함으로써 두 정책 목표 간에 충돌이 일어날 소지가 크다. 과거 재무부의 이재국과 금융정책국은 금융 부문의 발전을 위한 업무와 금융 부문이 경제성장을 뒷받침하기 위한 업무를 추진했다. 금융위원회가 넘겨받은 이러한 금융정책과 금융시장의 안정성·건전성을 추구하는 감독정책 간에는 때로 심각한 이해상충이 벌어질 수 있다. 셋째, 현재 금융위원회와 금융감독원의 이원화된 감독체계는 감독정책의 효율성과 유효성을 떨어뜨릴 수 있다. 과거에는 금융감독위원장이 금융감독원장을 겸임함으로써 이 문제를 부분적으로 극복할 수 있었으나, 지금은 그렇지도 않다.

금융 감독체계의 개편은 과거에도 수차례 논의된 바 있으나, 결국 성사되지 못했다. 각 제도에 모두 장단점이 있기 때문이며, 한국의 법체계가 이상적인 감독체계의 개편을 허용하지 않기 때문이기도 하다. 감독체계 개편의 문제는 그 자체만으로 매우 복잡하고 다원적인 측면이 있어 이에 대해 여기서 더 상세히 논하지는 않을 것이다. 그동안 제기된 문제점을 고려하고 여러 가지 대안에 대해 더욱 깊은 논의와 검증을 거쳐, 차기 정부에서는 적절한 개편이 이루어지도록 준비해야 할 것이다.

보수체계 개편

금융기관의 보수체계 개편은 2008년 금융위기 이후 미국과 유럽에서 끊임없이 제기된 문제이지만, 실제 금융 규제·감독 개편에서 충분히 반영되었다고 볼 수는 없다. 영국에서는 금융기관의 보수체계에 대한 감독 당국의 모니터링을 강화했지만, 실제로 이를 규율하는 강제적인 공식이 나온 것은 아니다. 이는 시장의 반발, 그리고 보수 규제의 유효성에 대한 확신이 부족한 데서 기인한 것이다.

금융기관의 최대 자산은 인적 자본이다. 국제금융센터는 미국, 영국, 홍콩, 싱가포르 등 주로 영어권 국가에 있다. 유능한 경영진과 금융인은 주로 이러한 국제금융센터를 중심으로 이동하며 활동한다. 이런 상황에서 보수 규제를 하게 되면 유능한 경영인과 금융기관이 보수 규제를 하지 않는 나라로 옮겨갈 수 있다는 우려가 나오게 된다. 이는 강력한 국제적 공조체제 아래 진행되지 않으면 개별 국가에서 보수체계 개편이라는 과제가 큰 진전을 보지 못하게 되는 한 요인이기도 하다. 잘못된 보수체계가 경영진과 직원의 도덕적 해이를 부추겨 금융 안전성을 저해한다는 의견에 모두 동조한다고 해도, 결국 보수체계 규제는 국제적 협력과 공조 없이는 실효성을 거두기 어려운 과제다. 그러나 그러한 국제적 협력과 공조에 대해 아직 뚜렷한 진전을 보이고 있지 않은 것이 사실이다.

한국은 보수체계에 대한 국제적 규범 없이도 이 문제에 대해 상당 부분 독자적인 접근을 할 수 있을 것으로 보인다. 아직 한국 금융기관의 CEO나 임원이 세계적 스카우트 대상이 될 가능성은 낮기 때문이다. 한국의 현 상황에서 볼 때 이는 장기적인 국가경영과 국가경제의 보상·유인 체계의 구성이라는 큰 틀에서 고려해볼 필요가 있다. 한국도 1997년 외환위기 이후 금융기관의 보수체계가 많이 달라졌다. 전 세계적으로 주류를 이루고 있는 영미식 보수체계를 많이 닮아왔다. 그 결과 금융기관 임원의 보수가 일반 대기업 수준에 비해 상대적으로 많이 올라갔다. 금융산업은 사람을 자산으로 하는 산업이다. 따라서 훌륭한 인력을 갖추고 양성하는 것이야말로 금융산업의 효율성과 경쟁력을 높이는 데 필수적이다. 상대적으로 높은 보수는 사회의 뛰어난 인력이 금융 부문으로 많이 흡수된다는 것을 의미한다. 그런데 그러한 우수 인력이 경제의 새로운 부가가치를 창조하기보다 파생상품 개발 및 거래처럼 실물 부문에서 창조된 부가가치를 단순히 투자자들 간에 이전시키는, 다시 말해 이 주머니에서 저 주머니로 옮기는 일종의 카지노 판을 키우는 역할에 더 치중하도록 만드는 것은 사회적으로 바람직하지 않다. 이러한 측면에서 볼 때 보수체계 개편도 전반적인 금융 규제 개혁과 보완적인 차원에서 접근하는 것이 바람직하다. 과도한 위험 감수(risk taking)를 방지해 금융기관과 금융 부문의 안정성을 도모하면서, 한국의 금융기관이 국제경쟁력을 키워나갈 수 있도록 인재를 모으는 데 도움을 주는 보수체계를 시장과 금융기관에 전적으로 맡겨놓자는 의견과 정부가 어떤 규범 혹은 가이드라인을 만들거나 관행을 유도해 특정한 방향으로 이끌어야 한다는 의견 모두 나름대로 일리가 있다. 그러나 어떤 규범을 통해 어떤 식으로 규제할 것인지에 대해서는 구체적인 논의가 충분히 이루어지지 않았고 국가 내에서 혹은 국제적으로 구체화되어 확정된 것도 거의 없다. 따라서 이 문제는 좀 더 장기적 관점에서 고려해나가야 할 것으로 보인다. 필자는 금융 부문의 보수가 실물 부문과 지나치게 괴리되는 것은 경계해야 하며, 임원과 CEO의 보수가 일반 직원의 봉급 수준과 너무 큰 차이를 보이는 것 역시 경계해야 한다고 생각한다.

세계금융위기를 계기로 전 세계적으로 금융 규제·감독 정책 방향이 바뀌고 규제·감독 수준이 강화되는 변화가 일고 있다. 한편으로 최근 들어 이러한 추세를 거스르려는 움직임도 보인다. 미국에서 2010년 '도드-프랭크법'이 통과되었지만 이를 구체적으로 실행하는 규칙을 제정하는 과정에서 일부 조항의 시행이 유예되거나 예외 조항이 도입되고 있는 것이 그 예다. 시간이 흘러 각국 경제가 금융위기에서 회복되고 금융시장이 서서히 안정을 찾아가면서 금융산업을 중심으로 규제 강화에 반대하는 목소리가 점점 더 커질 것으로 예상된다. 그러나 당분간 금융 규제·감독의 강화라는 큰 세계적 흐름은 바뀌지 않을 것이다.

전 세계적으로 금융 규제·감독을 강화하는 추세이지만, 크고 작은 금융위기는 언젠가 또다시 발생할 것이다. 이는 금융 부문의 본질적 속성 때문이기도 하며, 한편으로 금융시장이 세계적으로 통합된 반면 주권국가의 지배구조와 세계의 경제적 협력체계가 이러한 상황에 발맞추지 못하는 근본적인 제도적 한계 때문이기도 하다. 그러므로 시장에서 세계화의 추세를 되돌리든지,

혹은 시장의 변화에 걸맞은 제도적 변화가 이루어져야 하지만, 오늘날 세계의 정치적 현실로 볼 때 이는 최소한 가까운 시일 내에 일어나기 불가능한 일일 것으로 보인다. 이 때문에 2008년 금융위기를 초래한 요인들은 아직 완전히 사라지지 않은 채 세계경제와 국가경제의 기저에 잠복해 있다.

금융 규제·감독 체계 개편을 어렵게 만드는 또 다른 중요한 이유로 시장의 속성과 관료사회의 한계를 들 수 있다. 빠르게 변화하는 시장, 특히 금융시장의 변화 속도를, 이에 대한 정책과 규범을 세우는 감독 당국의 지식이 앞서가지 못한다는 것이다. 금융 감독은 어찌 보면 감독 당국과 금융회사, 금융시장의 숨바꼭질과 같다. 아무리 합리적인 규제를 내놓아도 결국 시장은 이를 회피하는 수단을 찾아내게 되며, 그런 과정에서 그림자금융이 확대되고 시장의 리스크가 커지게 된다. 하지만 감독 당국이 이를 적시에 제대로 파악하고 대응하기는 어렵다. 당국이 여론과 정치적 지지를 업은 시장의 규제 도입 반대 로비를 뚫고 구체적 상품 혹은 행위의 부정적 결과에 대해 어떤 뚜렷한 확신 없이 새로운 규제를 도입하거나 감독을 강화하기란 쉽지 않은 것이다. 결국 시장의 큰 불안정이나 위기를 겪고 나서야 금융 규제의 틀이 바뀌는 경우가 많다. 이는 비단 어제오늘의 일이 아니라 세계의 경제 발전사, 금융 발전사가 말해주는 바다. '이번에는 다르다'는 주장과 착각에 매번 빠졌으나, 결과적으로 위기는 늘 반복되었다. 금융 당국이 새로운 규제를 내놓으면 시장은 곧 이를 회피하거나 우회하는 방법을 개발하고, 그 결과 안전성을 도모하지 못한 채 규제 비용만 낭비하는 결과를 낳곤 했던 것이다. 앞으로도 이러한 감독 당국과 시장의 숨바꼭질은 계속될 것이다.

정치적 동기에 의한 단기적 시계(time horizon)도 금융위기를 불러오는 중요한 이유 중의 하나다. 정권의 임기 중에, 혹은 다음 선거 전에 경제를 활성화하려는 동기에서 주요한 거시금융 감독 수단을 완화하는 경우가 종종 있어왔다. 그런데 그것은 결국 경제에서 부채 규모를 늘리고 금융 부문의 잠재적 리스크와 불안정성을 높이게 된다. 그러한 규제 완화는 정치적으로 많은 인기를 등에 업고 이루어지기도 한다. 위기를 조장하는 주체와 추후 위기를 맞고 감당해야 하는 주체가 다를 수 있는 데에서 비롯되는 일이다.

2008년 세계금융위기는 주로 선진국을 중심으로 발생했으며, 해당 국가는 이후 주로 팽창적 통화정책에 크게 의존해 금융위기에 대응했다. 미국, 영국, 일본이 전대미문의 초팽창적 통화정책을 펴왔으며, 2015년 초 유로존이 이에 가세했다. 이러한 기축통화국들이 초저금리·양적완화 정책을 취하면서 저금리정책이 전 세계로 확산되었다. 그 결과 자산가치가 오히려 금융위기 이전보다 더 올라간 것으로 추정된다. 자산가치를 부추겨 소비를 확대시키고 저축을 위축시키는 정책으로 위기를 극복하고자 한 것이다. 다시 말해, 초팽창적 통화정책을 구사함으로써 금융위기가 금융공황으로 치닫는 것은 막았지만, 나아가 신용경색으로 경기가 계속해서 위축되는 것을 막기는 했지만, 주식시장의 거품을 키우고 (부동산 거품이 이번 금융위기를 초래했는데도) 다시 부동산 가격의 빠른 회복을 자극함으로써 전반적으로 금융시장과 세계경제의 불안정 요인은 해소되지 않은 채 여전히 잠재해 있는 상황이다. 미국이 막 금리 인상을 시작했지만 유럽, 일본은 아직도 양적 완화 정책을 지속하고 있으며, 그러한 비전통적 통화정책의 효과가 충분한 검증을 받지 않았다. 따라서 금융위기 이후 주요국이 추진해온 통화정책이 세계금융시장에 가져온 잠재적인 위험을 한국의 관계 당국은 늘 경계심을 가지고 지켜봐야 한다.

오늘날 세계의 금융 규제·감독 정책과 금융산업은 분명 큰 전환기를 맞고 있다. 새로운 규제가 등장하고, 새로운 금융 수요가 생기며, 이에 따라 새로운 승자와 패자가 나타날 것이다. 이러한 변화는 향후 달러화의 역할을 비롯한 국제통화 및 국제금융 질서의 변화와도 맞물려 서서히 진행될 것이다.

이러한 관점에서 보면 한국은 규제·감독 체계 개편이라는 조직적·제도적 개편과 그러한 개편에 따른 시장 개편이라는 양 측면을 동시에 다루어야 하는 도전에 직면해 있다. 감독적 측면에서는 단일 감독기구가 분산된 감독기구보다 시스템 리스크를 더 잘 포착하고 효율적으로 대처해나갈 수 있다는 점에서 이미 세계적 대세가 되어가고 있다. 우리도 이를 유지해나가야 할 것이다. 다만 기획재정부, 중앙은행, 금융위원회, 금융감독원 사이의 긴밀한 협조와 공동 대응을 위한 조직적 체계는 아직 미흡해 앞으로 더욱 개선해야 할 것으로 보인다. 금융 감독기관의 정치적 중립성을 지금보다 훨씬 높일 수 있는 체계를 모색하는 것도 주요한 과제다. 또한 중앙은행에 새로 부여된 '금융 안정' 기능의 의미가 정확히 무엇이고 구체적으로 이를 어떤 방식과 수단으로 추구할 수 있을지에 대해 좀 더 논의가 진행되어야 한다. 더 나아가 감독기관과 피감독기관 간의 고질적인 유착 관계를 어떻게 개선할 것이며, 어떻게 보다 합리적이고 투명한 감독 관행을 정립해나갈 것인지에 대해서도 구체적인 방안을 마련해야 한다.

과거의 경험에 비추어볼 때 지나친 규제는 금융산업의 발전에나 국가경제 발전에 좋은 것이 아니다. 이 책의 서두에서도 언급했듯이 금융산업은 경제의 혈맥이나 다름없다. 금융이라는 순환계통이 튼튼해야 경제라는 신체가 효율적으로 작동하고 안정적으로 성장해나갈 수 있다. 한국은 현재 금융자산의 축적이라는 면에서 이미 성숙 단계에 접어들었다고 볼 수 있다. 국민총소득 대비 국내 신용 규모는 선진국 수준에 도달해 있거나 선진국 평균을 넘고 있다. 한국은 국가부채가 상대적으로 적은 대신에 민간신용 혹은 민간부채 규모가 세계에서 가장 높은 수준이다. 반면 한국은 OECD 회원국 중 교환가능통화(convertible currency)를 갖지 못한 몇 안 되는 나라 중 하나다. 그만큼 한국의 금융시장은 외부 충격에 취약하다. 따라서 한국은 금융 규제·감독에 대해 다른 나라보다 훨씬 더 신중을 기하고, 강력한 거시건전성 감독체제를 구축해야 한다.

이제는 전 세계적으로 자금의 공급이 수요를 앞지르는 시대로 들어서고 있다. 한국의 금융산업도 자금의 '동원'보다 자산의 '운용'이 더 중요해진 시대를 맞았다. 자금의 동원은 지점망과 인력을 늘리면 가능해질 수 있었지만, 자산의 운용은 경제와 금융시장에 대한 고도의 분석력과 금융 기법 개발 능력, 그리고 국내외 네트워크 형성과 확대가 뒷받침되어야 가능한 일이다. 인력 확대보다 인재 양성이 중요해지고, 자산 확대 못지않게 네트워크 관리, 위험 관리가 중요해진 것이다. 이것이 바로 지금 국내 금융기관들이 역점을 두고 풀어나가야 할 과제다.

금융 규제·감독 강화와 금융소비자 보호 강화는 이미 세계적인 추세다. 내부자거래, 주가조작 등을 지금보다 더 철저히 단속하고 엄격히 처벌하여 자본시장의 투명성을 높여야 한다. 또한 구조화된 상품에 대한 정확한 정보 제공, 신용평가사의 투명성 및 책임성 제고, 회계장부의 투명성 제고 등은 앞으로 지속적으로 추진·강화해야 할 것이다. 자본적정성 및 유동성 규제 강화와 더불어 이는 앞으로 금융기관의 전반적인 비용을 늘리는 효과로 나타날 것이다. 그렇게 늘어난 비용이 다시 금융소비자에게 전가되거나 사회적 비용으로 전가될 수 있겠지만, 이는 전체적으로 볼 때 금융기관의 수익성 저하로도 나타날 수 있다. 그러나 장기적으로 국민경제의 안정적이고 지속적인 성장을 도모하기 위해 금융정책 당국은 금융 부문의 안정성에 더 높은 비중을 둘 수밖에 없을 것이다. 그것이 1997년 한국의 외환금융위기, 2008년 세계금융위기가 남긴 중요한 교훈이다. 결국 금융 부문의 안정성을 지켜내지 못하면 지속가능한 경제성장도, 기업과 개인의 자산도 제대로 지켜낼 수 없는 것이다.

국내 금융기관들이 이러한 수익성 저하를 상쇄할 수 있는 길 중의 하나는 해외 진출을 확대하는 것이다. 금융은 결국 인력, 그리고 그 인력이 가진 네트워크와 경험을 자산으로 영업하는 산업이다. 인재를 양성하고 금융의 기본에 충실하며, 네트워크를 넓혀 국내에서 더욱더 좋은 서비스를 제공하고 해외시장으로 업무영역을 넓혀가는 것이 한국 금융산업의 과제다.

참고문헌

강경식. 2010. 『국가가 해야 할 일 하지 말아야 할 일: 강경식 전 경제부총리 한 국경제와 함께한 30년』. 김영사.

강만수. 2011. 『현장에서 본 한국경제 30년: 부가세에서 IMF사태까지』. 삼성경제연구소.

_____. 2015. 『현장에서 본 경제위기 대응실록: 아시아금융위기에서 글로벌경제위기까지』. 삼성경제 연구소.

강명헌·이혜란. 2014. 「한국 통화정책의 유효성 연구」. 한국금융연구원.

고승철·이완배. 2013. 『김재익 평전: 대한민국은 그를 여전히 그리워한다』. 미래를 소유한 사람들.

국가미래연구원. 2013. 「영국의 금융감독제도와 금융산업 경쟁력」(현지출장요약보고서).

그린스펀, 앨런(Alan Greenspan). 2007. 『격동의 시대: 신세계에서의 모험』. 현대경제연구원 옮김. 북@북스.

금융위원회. 2012. "바젤III 도입시기 관련"(보도자료).

김기환. 2013. 「글로벌 금융위기 이후 금융안정 정책체계 구축 현황」. 한국은행. http://www.bok.or.kr/contents/total/ko/boardView.action?menuNaviId=1972&boardBean.brdid=95961&boardBean.menuid=1972

김정훈. 2011. 「금융리스크와 바젤 III의 주요 내용」. 한국은행. http://www.bok.or.kr/contents/total/ko/boardView.action?menuNaviId=1972&boardBean.brdid=78569&boardBean.menuid=1972

신현송·강동수. 2012. 「글로벌 금융개혁: 견제인가 균형인가」. 이종화 외 지음. 『미래 한국의 선택 글로벌 상생: 위기와 기회의 한국경제, 다자외교시대에 날개를 펴다!』. 동아일보사.

쑹훙빙(宋鴻兵). 2008. 『화폐전쟁』. 랜덤하우스코리아.

양진수. 2013. 「바젤 III 시행이 은행 및 금융시장에 미치는 영향과 시사점」. 우리금융

경영연구소. ≪CEO Report≫, 제39호.
오성근. 2014.「영국의 금융감독체계의 개혁 및 입법적 시사점」. ≪증권법연구≫, 제15권 1호.
유재수. 2015.『다모클레스의 칼 ― 금융위기: 탐욕, 망각, 그리고 몰락의 역사』. 삼성경제연구소.
윤희숙. 2014.「한국경제규모 변화 속에서의 노동시장 구조개혁: 왜 무엇을 어 떻게?」. KDI 정책토론회 '노동시장 구조개혁: 왜 무엇을 어떻게 해야 하 나?' 발제문(2014. 12.17).
이상묵. 2009.「금융위기 이후 금융개혁 동향」. 서울대학교 금융경제연구원 SIRFE Paper 09-P05.
이아름. 2014.「미국의 금융규제 개혁 추진 현황」. 보험연구원. ≪KiRi Weekly≫, 제293호.
이형기. 2010.「금융위기 이후 영국과 미국의 금융규제시스템 개혁에 관한 연 구」. ≪유라시아연구≫, 제7권 1호(통권 제16호).
정인용. 2002.『각하 사인하지 마십시오』. 부키.
조윤제. 2010.「국제통화제도의 개혁과 G20」. ≪한국개발연구≫, 제32권 4호(통권 제109호).
최승필. 2013.「거시건전성 금융규제체제의 국제적 동향과 변화」. 한국법제연구원.
한국은행. 2014.『글로벌 금융위기 이후 금융규제개혁 논의』. 한국은행.
_____. 2015.『한국의 거시건전성정책』. 한국은행
후쿠야마, 프랜시스(Francis Fukuyama). 1992.『역사의 종말』. 이상훈 옮김. 한마음사.

Adrian, Tobias. 2011. "Dodd-Frank One Year On: Implications for Shadow Banking." Federal Reserve Bank of New York Staff Reports, No. 533. https//www.newyorkfed.org/medialibrary/media/research/staff_reports/sr533.pdf
_____. 2014. "Financial Stability Policies for Shadow Banking." Federal Reserve Bank of New York, Staff Reports, No. 664. https://www.newyorkfed.org/medialibrary/media/research/staff_reports/sr664.pdf
Adrian, Tobias and Adam B. Ashcraft. 2012. "Shadow Banking Regulation." Federal Reserve Bank of New York Staff Reports, No. 559. https://www.newyorkfed.org/medialibrary/media/research/staff_reports/sr559.pdf
Anderson, Jenny. 2007.2.9. "Calm Before and During a Storm." *New York Times*.
Bernanke, Ben. 2004. "The Great Moderation." at the meetings of the Eastern Economic Association, Washington, DC, February 20, 2004. http://www.fed

eralreserve.gov/BOARDDOCS/speechES/2004/20040220/default.htm
Boone, Peter and Simon Johnson. 2011. "Will the Politics of Global Moral Hazard Sink Us Again?" in Adair Turner et al. *The Future of Finance: The LSE Report.* London: London School of Economics and Political Science.
Borio, Claudio. 2009. "The Financial Crisis of 2007-?: Macro Economic Origins and Policy Lessons." G20 Workshop on the Global Economy, 'Causes of The Crisis: Key Lessons'(24~26 May 2009). http://17g20.pa.go.kr/Documents/g20_workshop_causes_of_the_crisis.pdf
Brunnermeier, Markus et al. 2009. "The Fundamental Principles of Financial Regulation." Geneva Reports on the World Economy 11.
Cecchetti, Stephen G., M. S. Mohanti and Fabrizio Zampolli. 2011. "The Real Effect of Debt." BIS Working Papers, No. 352. http://www.bis.org/publ/work352.pdf
Cho, Yoon-Je. 1984. "On the Liberalization of the Financial System and Efficiency of Capital Allocation under Uncertainty." Ph. D. Thesis, Stanford University.
_____. 1986. "Inefficiencies from Financial Liberalization in the Absence of Well-Functioning Equity Markets." *Journal of Money, Credit, and Banking*, Vol. 18, No. 2.
_____. 1988. "The Effect of Financial Liberalization on the Efficiency of Credit Allocation-Some Evidence from Korea." *Journal of Development Economics*, Vol. 29, No. 1.

_____. 2002. "Financial Repression, Liberalization, Crisis and Restructuring." ADB Institute Research Paper, No. 47. https://openaccess.adb.org/bitstream/handle/11540/4152/2002.ll.rp47.korea.financial.sector.pdf?sequence=l
_____. 2012. "The Role of State Intervention in the Financial Sector: Crisis Prevention, Containment, and Resolution." in Masahiro Kawai, David G. Mayes and Peter Morgan(eds.). *Implications of the Global Financial Crisis for Financial Reform and Regulation in Asia.* Northampton, Mass.: Edward Elgar Pub.
Clement, Piet. 2010. "The Term 'Macroprudential': Origins and Evolution." BIS Quality Review, http://www.bis.org/publ/qtrpdf/r_qtl003h.pdf
Eichengreen, Barry and Ricardo Hausmann. 1999. "Exchange Rates and Financial Fragility." National Bureau of Economic Research. http://www.nber.org/papers/w7418.pdf
FSB, IMF and BIS. 2011. "Macroprudential Policy Tools and Frameworks: Update to G20 Ministers and Central Bank Governors." https://www.imf.org/external/np/g20/pdf/021411.pdf

Financial Times. 2007. 7. 9. "Citigroup chief stays bullish on buy-outs."
Fischer, Stanley. 2011. "Stanley Fischer: Central Bank Lessons from The Global Crisis." at the Bank of Israel conference on "Lessons of the Global Crisis", Jerusalem, 31 March 2011. http://www.bis.org/review/rl10414f.pdf
_____. 2014. "Lessons from Crises, 1985~2014." at Stanford Institute for Economic Policy Research Economic Summit, 14 March 2014. http://iepecdg.com.br/uploads/artigos/STANLEY%20FISCHER.%20Lessons%20from%20Crises,%201985-2014.%20March%2014,%202014.pdf
Fry, Maxwell J. 1988. *Money, Interest, and Banking in Economic Development*. Baltimore: Johns Hopkins University Press.
_____. 1989a. "Financial Development: Theories and recent experience." *Oxford Review of Economic Policy*, Vol. 5, No. 4.
_____. 1989b. "Foreign Debt Instability: An Analysis of National Saving and Domestic Investment Responses to Foreign Debt Accumulation in 28 Developing Countries." *Journal of International Money and Finance*, Vol. 8, Iss. 3.
Geithner, Timothy F. 2008. "Timothy F Geithner: Reducing Systemic Risk in a Dynamic Financial System." at The Economic Club of New York, New York, 9 June 2008.
Greenspan, Alan. 2007. *The Age of Turbulence: Adventures in a New World*. New York: Penguin Press.
G30(Group of Thirty). 2013. "Long-term Finance and Economic Growth." http://www.group30.org/images/PDF/Long-term_Finance_hi-res.pdf
HM Treasury. 2011. "A New Approach to Financial Regulation: The Blueprint for reform." https://www.gov.uk/government/uploads/system/uploads/attachment_data/file/81403/consult_finreg__new_approach_blueprint.pdf
IMF(International Monetary Fund). 2010. "Reserve Accumulation and International Monetary Stability." https://www.imf.org/external/np/pp/eng/2010/041310.pdf
_____. 2015. "Global Financial Stability Report: Navigating Monetary Policy Challenges and Managing Risks." http://www.imf.org/External/Pubs/FT/GFSR/2015/01/pdf/text.pdf
Johnson, Simon. 2009. "The Quiet Coup." *The Atlantic*, May 2009.
Kim, Hyunchul, Minsoo Park and Hyunduk Suh. 2014. "What Forms and Reforms Banking Regulations? A Cross Country Study." *Emerging Markets Finance and Trade*, Vol. 50, No. 6. June 2014
Kindleberger, Charles P. and Robert Z. Aliber. 2005. *Manias, Panic and Crashes: A*

History of Financial Crisis, 6th ed. Hoboken, N.J.: John Wiley & Sons.

Krishnamurti, Damodaran, and Carol Yejin Lee. 2014. *Macroprudential Policy Framework: A Practice Guide*. The World Bank.

Krugman, Paul. 1994. "The Myth of Asia's Miracle." Foreign Affairs, Vol. 73, No. 6.

Levine, Ross. 2004. "Finance and Growth: Theory and Evidence." National Bureau of Economic Research. http://www.nber.org/papers/w10766.pdf

Mckinnon, Ronald I. 1973. *Money and Capital in Economic Development*. Washington, DC.: Brookings Institution.

Merton, Robert. 2014. "Measuring the Connectedness of the Financial System: Implications for Risk Management." *Asian Development Review*, Vol. 31, No. 1.

Mishkin, Fredrick and Stanley Eakins. 2015. *Financial Markets and Institutions*, 8th ed. Boston: Pearson Prentice Hall.

Minsky, Hyman P. 2008. *Stabilizing an Unstable Economy*. New York: McGraw-Hill.

North, Douglass C. 1990. *Institutions, Institutional Change and Economic Performance*. Cambridge and New York: Cambridge University Press.

OECD(Organization for Economic Cooperation and Development). 2009. "National Accounts at a Glance 2009." http://dx.doi.org/10.1787/9789264067981-en

Reinhart, Carmen M. and Kenneth S. Rogoff. 2011. This Time is Different: Eight Centuries of Financial Folly. Princeton: Princeton University Press.

Rodrik, Dani. 2011. *The Globalization Paradox: Democracy and The Future of The World Economy*. New York: W. W. Norton & Co.

Shaw, Edward. 1973. *Financial Deepening in Economic Development*. New York: Oxford University Press.

Sheng, Andrew. 2009. *From Asian to Global Financial Crisis*. Cambridge and New York: Cambridge University Press.

Shin, Hyun Song. 2013. "Procyclicality and the Search for Early Warning Indicators." Paper for the IMF conference on "Financial Crises: Causes, Consequences, and Policy Response", Washington DC, September 14, 2012. https://www.imf.org/external/pubs/ft/wp/2013wp13258.pdf

Stiglitz, Joseph E. 1989. "Financial Markets and Development." *Oxford Review of Economic Policy*, Vol. 3, No. 4.

_____. 2010. "Lessons from the Global Financial Crisis of 2008." *Seoul Journal of Economics*, Vol. 23, No. 3.

Summers, Lawrence H. 1999. "Distinguished Lecture on Economics in Government: Reflection on Managing Global Integration." *Journal of Economic Perspectives*, Vol. 13, No. 2.

Truman, Edwin M. 2010. "The International Monetary System and Global Imbalances." at the conference on the International Monetary System: Looking to the Future and Lessons from the Past, 15 December 2009. https://www.piie.com/publications/papers/truman0110.pdf

Turner, Adair. 2010. "What Do Banks Do? Why Do Credit Booms and Busts Occur and What Can Public Policy Do about It?" in Adair Turner et al. *The Future of Finance: The LSE Report*. London: London School of Economics and Political Science. https://www.piie.com/publications/papers/truman0110.pdf

_____. 2014a. "Escaping the Debt Addiction: Monetary and Macro Prudential Policy in The Post-crisis World." Institute of New Economic Thinking. http://ineteconomics.org/uploads/downloads/Presentation-Escaping-Debt-Addiction.pdf

_____. 2014b. "The Keynote Address: Shadow Banking, Credit Creation and Financial Instability." http://www.cliffordchance.com/content/dam/cliffordchance/Thought_Leadership/Adairs_slides_for_public_website.pdf

Turner, Adair et al. 2010. *The Future of Finance: The LSE Report*. London: London School of Economics and Political Science.

Wessel, David. 2009. *In Fed We Trust: Ben Bernankes War on The Great Panic*. New York: Crown Business.

찾아보기

인물

용어

지은이
조윤제

서강대학교 국제대학원 교수다. 스탠퍼드 대학에서 「불확실성하에서의 금융자유화와 자원배분의 효율성(On the Liberalization of the Financial System and Efficiency of Capital Allocation under Uncertainty)」이라는 논문으로 경제학 박사학위를 받았다. 이후 세계은행, 국제통화기금(IMF)에서 이코노미스트로 약 10년간 근무하면서 주로 거시경제정책, 국제금융, 금융 개혁 문제를 다뤘다. 1993년에 귀국해 한국조세재정연구원 부원장, 부총리 겸 재정경제원장관 자문관을 지내면서 한국 경제의 문제점을 분석하고 구조 개혁을 위한 정책을 도입하는 데 애썼다. 1997년 봄 서강대학교로 자리를 옮겨 국제금융론, 금융제도론, 국제경제학, 한국경제론 등을 강의해왔다. 대학에서 강의하는 중에도 아시아개발은행, 세계은행, 국제통화기금, 중남미개발은행 등 국제기구의 자문 역할을 지속적으로 수행했다. 2003년부터 2년간 대통령 경제보좌관으로 청와대에서 전반적인 경제정책을 다루었으며, 2005년부터 3년간 주영국 특명전권대사로 일하면서 런던의 금융계를 깊이 들여다볼 기회를 가졌다. 2008년 서강대학교로 돌아온 이후 현재까지 강의와 연구에 힘쓰는 한편, 세계은행과 중국 정부의 금융 개혁 방안에 대한 자문 역할 등을 맡아왔다.
그동안 국내외 학술지에 논문 70여 편을 발표했으며, 저서로는 *Lessons from Financial Liberalization in Asia: A Comparative Study*(공저, 1989), *Credit Policies and Industrialization of Korea: Lessons and Strategies*(공저, 1997), *Financial Repression Liberalization, Crisis and Restructuring: Lessons of Korea's Financial Sector Policy*(2002), 『한국의 권력구조와 경제정책』(2009), 『제자리로 돌아가라』(2015) 등이 있다.

한울아카데미 1889

/

위기는 다시 온다

금융위기 이후 선진국은 왜 금융 규제를 강화하는가

/

지은이 조윤제
펴낸이 김종수
펴낸곳 한울엠플러스(주)
책임편집 최규선

초판 1쇄 발행 2016년 5월 10일
초판 2쇄 발행 2016년 6월 10일

주소 10881 경기도 파주시 광인사길 153 한울시소빌딩 3층
전화 031-955-0655
팩스 031-955-0656
홈페이지 www.hanulmplus.kr
등록번호 제406-2015-000143호

Printed in Korea.

ISBN 978-89-460-5889-7 93320 (양장)
978-89-460-6162-0 93320 (반양장)

※ 책값은 겉표지에 표시되어 있습니다.